Alice und Rolf Schurr

Neue Ideen für die Strickliesel

Knaur

Alice und Rolf Schurr

Neue Ideen für die
Stricklies

Inhalt

Hallo,

beim Durchblättern dieses Buches hast du sicher schon all die witzigen Spielsachen und Geschenke aus Wolle entdeckt und dich vielleicht gefragt, wie sie entstanden sind. Ganz einfach: Alle wurden mit der guten alten Strickliesel oder nach genau demselben Prinzip mit einer Strickröhre angefertigt. Eine Strickliesel hast du vielleicht selbst oder findest eine in Mamas Handarbeitskorb. Wenn du aber öfters mit bunten Strickschläuchen basteln willst, könntest du dir eine Strickmühle wünschen, mit der du im Handumdrehen endlos lange, absolut gleichmäßige Wollwürste strickst. Dickere Schläuche gelingen prima mit der Strickröhre, die du ganz einfach selbst basteln kannst.

Und was macht man dann mit den prächtigen Würsten und Schläuchen? Such dir aus den Vorschlägen in diesem Buch deine Lieblingsmodelle aus: Haarschmuck oder Puppenkleider, Taschen, Karten und Tiere – ja sogar eine ganze Arche Noah. Da findest du bestimmt das Richtige für dich selbst oder als Geschenk für deine Freunde, Eltern oder Großeltern. Bestimmt werden alle darüber staunen, was du mit deiner Strickliesel zustande gebracht hast!

Los geht's!
Wir wünschen dir viel Spaß

deine Alice und dein Rolf

So strickst du mit der Strickliesel

Stricklieseln gibt es in ganz unterschiedlichen Formen. Die fertig gekauften haben vier Nägel, um die das Garn gelegt wird, sodass nur ziemlich schmale Schläuche gestrickt werden können. Aus stabilen Papprollen, Kraftklebeband und Nägeln kannst du aber ganz einfach Strickröhren für breitere Schläuche basteln.

Du wickelst den Anfang des Wollfadens um eine Stricknadel und schiebst diese von oben nach unten durch die Strickliesel, bis unten ein kurzes Stück Faden erscheint. Du kannst aber auch eine Häkelnadel von unten nach oben durch die Strickliesel stecken, den Faden um den Haken legen und die Häkelnadel samt Faden zurückziehen. Lege Strick- oder Häkelnadel beiseite und zieh den Faden noch ein Stück aus der Strickliesel heraus, damit er nicht beim Umwickeln der Nägel gleich wieder verschwindet.

Wickle den Faden, der zum Knäuel führt, zweimal von links nach rechts um einen der Nägel und hebe die untere Fadenschlinge mit dem Stäbchen, das zur Strickliesel gehört, oder mit einer Häkelnadel so über die obere, dass nur noch eine Schlinge auf dem Nagel liegt. Lege dann den Faden nach rechts zum nächsten Nagel und fahre so fort, bis die erste Runde fertig ist. Von nun an legst du den Faden immer vor den nächsten Nagel und hebst die Schlinge von unten über Faden und Nagel. Den unteren Fadenanfang oder – wenn du schon ein Stück gestrickt hast – den entstehenden Schlauch musst du immer straff ziehen.

Noch einfacher gelingen beliebig lange Schläuche mit der Strickmühle (siehe Abb. auf Seite 7), bei der du nur eine Kurbel drehst und den Strickschlauch buchstäblich im Handumdrehen produzierst.

Die Größe der Figuren hängt von der Wollstärke ab. Für unsere Modelle auf der Strickliesel oder der Strickröhre haben wir Wolle für Nadelstärke 3,5 bis 4,5 gewählt. Für die Strickmühle muss das Garn etwas feiner sein (für Nadelstärke 2,5 bis 3), sodass die Figuren etwas kleiner werden.

Wenn dein Strickschlauch die gewünschte Länge hat, musst du das Schlauchende versäubern: Nimm die Maschen von den Nägeln auf die Stopfnadel, führe den Faden durch die Maschen, zieh ihn an, damit die Maschen zusammengerafft werden, und vernähe das Fadenende. In den Anleitungen steht dafür gewöhnlich nur Schlauchende versäubern.

Heißt es im Text Anschlag versäubern, dann bedeutet dies Folgendes: Trenne den Anschlag vorsichtig auf, nimm die Maschen der ersten echten Runde auf die Stopfnadel und fahre fort wie beim Versäubern des Schlauchendes.

So bastelst du deine eigene Strickröhre

Wie dir sicher schon aufgefallen ist, kannst du mit der Strickliesel nur Strickschläuche herstellen, die vier Maschen dick sind, denn sie hat nur vier Nägel. Für viele Vorschläge in diesem Buch brauchst du aber einen dickeren Schlauch. Dafür bastelst du dir selbst eine Strickröhre mit 6, 11 oder 16 Nägeln. Gestrickt wird genau wie mit der Strickliesel. Wie dick deine Strickröhre sein soll, steht bei jeder Anleitung an erster Stelle.

Das brauchst du

Pappkerne (z. B. vom Faxpapier) oder Papp-Versandrollen mit entsprechendem Durchmesser und ausreichender Wandstärke (etwa 2 mm)
Messingnägel, 2 mm Ø, 2 cm lang, mit Linsenkopf
Multi-Kraftband (extra starkes Gewebe)
Bastelsäge
Schere
Heißklebepistole mit Patronen oder Kraftkleber
Bleistift

Mit der Strickmühle sind auch die längsten Schläuche im Handumdrehen fertig. ⟶

So wird's gemacht

Zerteile die Papprollen mit der Säge in die benötigten Stücke. Diese sollen, je nach Größe des gewünschten Strickschlauchs, so aussehen:

3 cm Durchmesser, 7 cm Länge, 6 Nägel (im Foto Nr. 1)

5 cm Durchmesser, 4 cm Länge, 11 Nägel (im Foto Nr. 2)

8,5 cm Durchmesser, 8 cm Länge, 16 Nägel (im Foto Nr. 3)

Am Röhrenrand bringst du, gleichmäßig verteilt, mit der Schere kleine Einkerbungen für die Nägel an.

Klebe die Nägel mit einem Überstand von 1 cm in die Kerben ein. Spanne das Klebeband so um die Röhre, dass die Nägel einen zusätzlichen Halt bekommen, und schon ist das Ganze fertig.

Was du sonst noch zum Basteln brauchen kannst

Stoffe und Nähzeug

Viele der kleinen Figuren aus Strickschlauch werden durch ihre Kleidung und ihr Zubehör erst richtig lebendig. In einigen Fällen muss dir beim Nähen und Dekorieren deiner Strickschlauch-Werke wahrscheinlich ein Erwachsener helfen, aber viele Dinge kannst du bestimmt schon allein – und es muss ja nicht alles genauso wie auf den Fotos aussehen. Stöbere einmal in der Restekiste bei euch zu Hause: Darin wirst du bestimmt einiges finden, das du für deine Strickereien verwenden kannst, denn du brauchst nur ganz kleine Mengen an Stoff, Wolle oder Filz.

Die Vorlagenzeichnungen sind fast immer in ihrer richtigen Größe abgebildet, das bedeutet, dass du auf die Zeichnung im Buch einfach ein Stück Transparentpapier legen und die Linien darauf durchpausen kannst. Schneide die Zeichnung dann aus und befestige sie mit Stecknadeln gerade und flach auf dem Stoff oder Filz, den du ausschneiden willst. Beim Zuschneiden von Stoff solltest du rundum immer 0,5 cm als Nahtzugabe hinzufügen.

Gegen das Ausfransen streichst du alle Stoffkanten, die nicht gesäumt oder umgeschlagen werden, mit Textilkleber ein.

Holzperlen

Für Augen und Nasen deiner Strickfiguren brauchst du halbierte Holzperlen. Die Perlen teilst du so: Lege eine ganze Holzperle mit dem Loch nach oben auf eine rutschfeste Unterlage. Halte ein altes Küchenmesser mit Daumen und Zeigefinger beider Hände quer über die Lochmitte der Perle. Drücke das Messer gleichmäßig senkrecht nach unten und halbiere die Perle damit.

Kleber

Als Kleber verwendest du normalerweise Weißleim. Er ist vielseitig einsetzbar, lösungsmittelfrei und umweltfreundlich.

Chenilledraht (Pfeifenputzer)

Chenilledraht sieht aus wie ein Pfeifenputzer und wird in vielen Farben in Hobbygeschäften angeboten. Er fühlt sich samtig und weich an und lässt sich beliebig formen. Wenn du Chenilledraht in den Strickschlauch einschiebst, dann biege zuvor die Drahtspitze um oder umwickle sie mit Klebeband. So ummantelt, verheddert sich der Draht nicht in den Maschen.

Pompons

Für einige Modelle brauchst du Pompons aus farbiger Wolle, die du ganz einfach selbst machen kannst: Zeichne auf feste Pappe zwei Kreise in der Größe eines 2-Euro-Stücks auf. In die Mitte des Kreises zeichnest du einen kleinen Kreis in der Größe eines 1-Cent-Stücks. Die entstandenen zwei Ringe schneidest du aus und legst sie aufeinander. Schneide einen Wollfaden von etwa 1 m Länge zu und umwickle damit die beiden Ringe. Wiederhole diesen Vorgang so lange, bis die Öffnung in der Mitte geschlossen ist. Schneide die gewickelte Wolle zwischen den beiden Papringen durch. Binde nun die aufgeschnittenen Wollfäden zwischen den beiden Papringen fest ab. Schneide die Papringe auf und löse sie vorsichtig heraus. Schneide den Pompon mit der Schere in eine schöne runde Form.

Für manche Vorschläge kannst du aber auch fertige Pompons verwenden, die es in verschiedenen Farben in Tütchen abgepackt zu kaufen gibt.

Stirnbänder

Buntes Band

Das brauchst du

Strickliesel oder Strickmühle
Wolle, pink, dottergelb,
helllila, dunkellila
Nähgarn, farblich passend
Klettband
Häkelnadel Nr. 2,5 – 3
stumpfe Stopfnadel
Nähnadel
Schere
Kleber

So wird's gemacht

Stricke aus verschiedenfarbiger
Wolle mehrere gleich lange
Schläuche und versäubere
Schlauchende und Anschlag
(siehe Seite 6). Häkle die
Schläuche auf der linken Seite
der Länge nach mit festen
Maschen aneinander, sodass ein
breites Band entsteht. Gib Acht,
dass sich die Schläuche nicht ver-
drehen. Wenn du damit Mühe
hast, heftest du einfach die Strick-
schläuche vor dem Häkeln mit
Faden zusammen. Binde ein
Stück gelben Strickschlauch zum
Schleifchen und nähe es mit farb-
lich passendem Nähgarn auf das
Band. Zum Verschließen des
Bandes verwendest du Klettband:
Das Häkchenteil nähst du auf die
Außenseite des einen Bandendes,
das weiche Teil auf die Innenseite
des anderen Endes.

Rotes Band

Das brauchst du

Strickliesel oder Strickmühle
Wolle, rot
8 kleine Wollpompons, weiß,
fertig gekauft
Nähgarn, farblich passend
Klettband
Häkelnadel Nr. 2,5 – 3
stumpfe Stopfnadel
Nähnadel
Schere
Kleber

So wird's gemacht

Stricke vier gleich lange Stränge
aus roter Wolle und versäubere
jeweils Schlauchende und
Anschlag. Häkle die Schläuche
auf der linken Seite der Länge
nach mit festen Maschen aneinander (siehe buntes Band). Klebe
acht weiße Wollpompons gleichmäßig verteilt auf das Band und
nähe Klettband zum Verschließen
auf die Bandenden (siehe oben).

Blau-grünes Band mit Käfern

und Ende des Fadens verknotest du. Die zweite Rosette fertigst du genauso an. In die Mitte der Rosetten klebst du jeweils einen Marienkäfer. (Die Anleitung für den Marienkäfer findest du auf Seite 15.) Nähe Klettband zum Verschließen auf die Bandenden.

Das brauchst du

Strickliesel oder Strickmühle
Strickröhre (6 Nägel)
Wolle, blau, grün
30 cm orangefarbenes Geschenkband mit weißen Punkten, ca. 1,5 cm breit
2 Marienkäfer, selbst angefertigt (Anleitung siehe Seite 15)
Nähgarn, farblich passend
Klettband
Häkelnadel Nr. 2,5 – 3
stumpfe Stopfnadel
Nähnadel
Schere
Kleber

So wird's gemacht

Stricke vier gleich lange Schläuche: zwei aus grüner Wolle mit der Strickliesel und zwei aus blauer Wolle mit der Strickröhre. Versäubere jeweils Schlauchende und Anschlag. Häkle die Schläuche auf der linken Seite der Länge nach mit festen Maschen aneinander (siehe buntes Band). Halbiere das Geschenkband, sodass zwei jeweils 15 cm lange Stücke entstehen. Anfang und Ende jedes Stückes nähst du mit ein paar Stichen zusammen. An einer Kante arbeitest du eine Reihe Vor- oder Heftstiche und schiebst auf dem Faden das Band zur Rosette zusammen. Anfang

Band mit Blüten und Schleifen

Das brauchst du

Strickliesel oder Strickmühle
Wolle, hellgelb, weiß
Stoffrest
2 kleine Wollpompons, gelb und
rosa, fertig gekauft
16 cm Satinband, gelb, 2,5 cm breit
Nähgarn, farblich passend
Klettband
Häkelnadel Nr. 2,5 – 3
stumpfe Stopfnadel
Nähnadel
Schere
Kleber

So wird's gemacht

Stricke zwei gleich lange Schläuche aus gelber Wolle und versäubere jeweils Schlauchende und Anschlag. Häkle die Schläuche auf der linken Seite der Länge nach mit festen Maschen aneinander (siehe buntes Band). Nun strickst du aus weißer Wolle einen Schlauch von etwa 50 cm Länge und teilst ihn in zehn gleiche Stücke. Versäubere jeweils Anfang und Ende der Teile wie üblich: Daraus entstehen die Blütenblätter. Zeichne mit Bleistift zwei Kreise von der Größe einer 10-Cent-Münze auf den Stoffrest und schneide sie aus. Klebe jeweils fünf weiße

Schlauchstücke, zur Schlaufe gelegt, zu einer Blüte zusammen auf dem Kreis fest. In die Mitte jeder Blüte klebst du einen Wollpompon. Die fertigen Blüten werden auf das Stirnband geklebt. Für die Schleifchen halbierst du das Satinband und legst jeden der beiden Teile zum Ring, sodass

Anfang und Ende in der hinteren Mitte aufeinander treffen. Dann bindest du die Schleifchen in der Mitte mit gelbem Nähgarn ab und klebst sie rechts und links von den Blüten auf das Stirnband. Als Verschluss nähst du Klettband auf die beiden Enden des Stirnbandes.

Schmuck für Kids

Schlauchs, raffe sie zusammen und vernähe die Fadenenden. Übertrage die Vorlagen für Ohren, Augenumrandungen und Maul auf den schwarzen Plastikumschlag. Die Formen schneidest du aus und klebst sie auf dem Pandakopf fest. Die halben schwarzen Holzperlen setzt du mit je einem Tupfer Kleber als Augen ein. Als Hals klebst du die naturfarbene Holzperle fest und schmückst sie mit dem karierten Schleifchen. Dann befestigst du den fertigen Bären mit Kleber auf der Anstecknadel.

Aus der anderen Hälfte der Wattekugel kannst du einen zweiten Pandabären für deine Freundin anfertigen.

Pandabär

Vorlagen siehe Seite 40

Das brauchst du

Strickröhre mit 11 Nägeln
Wolle, weiß
1 Wattekugel Ø 2,5 cm
Plastikumschlag eines alten
Taschenkalenders, schwarz
2 halbe Holzperlen, schwarz, Ø 6 mm
Holzperle, naturfarben, Ø 1 cm
Schleife, lila-weiß kariert, 2 x 3 cm
(fertig gekauft)
Nähgarn, farblich passend
stumpfe Stopfnadel
Bastelmesser
Schere
Kleber
Anstecknadel

So wird's gemacht

Zunächst musst du die Wattekugel mit dem Bastelmesser vorsichtig halbieren. Am besten lässt du dir dabei von einem Erwachsenen helfen.
Stricke mit der Strickröhre (11 Nägel) 25 Runden aus weißer Wolle. Versäubere das Schlauchende und stülpe die Hälfte des Strickschlauchs nach innen. Schiebe eine Hälfte der Wattekugel in den Schlauch. Ziehe mit der Stopfnadel einen Faden durch die Maschen des noch offenen

Marienkäfer

Das brauchst du

Strickröhre mit 6 Nägeln
Wolle, rot
1 Wattekugel, Ø 12 mm
schwarze Holzperle, Ø 1 cm
Stickgarn, schwarz
Plastikumschlag eines alten
Taschenkalenders, schwarz
22 cm blau-gelb kariertes
Geschenkband, 1 cm breit
Bastelmesser
Nähgarn, farblich passend
stumpfe Stopfnadel
Lochzange
Schere
Kleber
Haarspange

So wird's gemacht

Zunächst halbierst du die Wattekugel vorsichtig mit dem Bastelmesser. Achtung! Das Messer ist
sehr scharf. Lass dir von einem
Erwachsenen helfen.
Stricke mit der Röhre (6 Nägel)
zwölf Runden aus roter Wolle
und versäubere das Schlauchende. Wende den Schlauch,
sodass die linke Seite außen
liegt, und stülpe die Hälfte des
Schlauchs nach innen. Dann
schiebst du eine Hälfte der
Wattekugel hinein, ziehst mit
der Stopfnadel einen Faden
durch die Maschen an der
Schlauchöffnung, raffst sie
zusammen und vernähst die
Fadenenden. Als Kopf nähst du
die schwarze Holzperle mit
schwarzem Garn an.

Um die Flügel zu markieren,
spannst du Stickgarn mit einem
langen Stich vom Kopf bis zum
Leibende. Stanze mit der Lochzange aus dem Plastikumschlag
kleine Plättchen, die du auf den
Rücken des Käfers klebst.
Lege aus Geschenkband eine
doppelte Schleife. Den fertigen
Käfer klebst du auf die Schleife
und schließlich die ganze Dekoration auf eine Haarspange.
Aus der zweiten Hälfte der
Wattekugel kannst du gleich
noch einen Käfer basteln. Mit solchen Marienkäfern kannst du
nicht nur Haarspangen, sondern
auch eine Anstecknadel oder ein
Stirnband schmücken (siehe
Seite 12.)

Schmetterling

Vorlagen siehe Seite 40

Das brauchst du

Strickliesel oder Strickmühle
Wolle, dunkelgelb
Filzrest, hellgelb, Ø 2,5 cm
2 Holzperlen, gelb, Ø 8 mm
1 Holzperle, hellgrün, Ø 8 mm
4 Holzperlen, 2 rot, je 1 gelb und
orange, Ø 6 mm
2 Holzperlen, lila, Ø 4 mm
Nähgarn, farblich passend
Nähnadel
stumpfe Stopfnadel
Schere
Kleber
Haarspange

So wird's gemacht

Stricke mit Strickliesel oder
-mühle 65 Runden aus dunkel-
gelber Wolle und versäubere
Schlauchende und Anschlag.
Lege den Schlauch zu einem
Schmetterling und klebe ihn
auf die Filzscheibe.
Fädle die vier mittelgroßen
Holzperlen (Ø 6 mm) in bunter
Folge auf doppeltes Nähgarn.
Zuletzt ziehst du die große grüne
Perle (Ø 8 mm) als Kopf auf und
nähst die Perlschnur als Leib am
Schmetterling fest. Klebe je eine
gelbe und eine kleinere lilafar-
bene Holzperle in die Flügel und
den fertigen Schmetterling auf
eine Haarspange.

15

Glückwunschkarten

Karte mit Blumenkörbchen

So wird's gemacht

Stricke 18 Runden aus hellgelber
Wolle mit der Strickröhre. Nimm
die Maschen von den Nägeln,
wende die Innenseite nach außen
und häkle den Schlauch zu.
Trenne den Anschlag auf und
häkle auch dieses Schlauchende
zu. Wegen der ungeraden Ma-
schenzahl (11) musst du mogeln
und einmal drei Maschen zusam-
menschlingen; das fällt später
aber nicht auf. Dieses hellgelbe
Teil klebst du auf die Karte (siehe
Foto) und schlägst dabei die Unter-

kante ein wenig ein, damit das
Ganze aussieht wie ein richtiger
Korb.
Für den unteren Korbrand strickst
du mit Strickliesel oder Strick-
mühle zehn Runden in Lila, ver-
säuberst Schlauchende und
Anschlag und klebst den kurzen
Schlauch unterhalb des Korbes
auf die Karte.
Jetzt kommen die Blüten an die
Reihe. Sie werden mit Strickliesel
oder Strickmühle gearbeitet.
Schlauchende und Anschlag versäuberst du jeweils wie üblich.
Gelbe Blüte: 20 cm Schlauch, zu
fünf Blütenblättchen gelegt, mit
weißer Wolle abgenäht.
Rosafarbene Blüte: 12 cm
Schlauch, zu drei Blütenblättchen
gelegt und mit Rosa abgenäht.
Orangerote Blüte: 12 cm Schlauch,
mit der Sicherheitsnadel nach
links gewendet, zu drei Blütenblättchen gelegt und abgenäht.
Stelle aus der pinkfarbenen Wolle
einen kleinen Pompon her und
klebe ihn auf die rosafarbene
Blüte. Die Goldperle klebst du auf
die gelbe, den Strassstein auf die
orangefarbene Blüte. Das grüne
Satinband bindest du zu einem
kleinen Schleifchen und klebst es
seitlich auf den Korb.

Karte mit Herzen

Vorlagen siehe Seite 40

Das brauchst du

Strickliesel oder Strickmühle
Wolle, rot
rotes Stickgarn
Stoffreste, lila mit weißen Punkten
und rot
stumpfe Stopfnadel
dünner Karton
Doppelkarte, naturweiß
Foto
Schere
Kleber

So wird's gemacht

Pause die Herzen von der Vorlage ab (zum Beispiel auf Butterbrotpapier) und übertrage die Formen folgendermaßen auf Stoff und Karton:

- kleines Herz: je einmal auf lilafarbenen und roten Stoff
- mittelgroßes Herz: je zweimal auf lilafarbenen und roten Stoff
- großes Herz: je einmal auf dünnen Karton und auf lilafarbenen Stoff

Die Herzen schneidest du aus und klebst sie auf die Karte (siehe Foto). Die kleinen und mittelgroßen Herzen aus lilafarbenem Stoff werden dabei leicht versetzt auf die roten Herzen geklebt,

sodass der rote Stoff nur ein wenig hervorblitzt. Das große lilafarbene Herz klebst du zuerst auf das Kartonherz und dann mit der Kartonseite auf die Karte. Stricke mit Strickliesel oder Strickmühle 50 Runden mit roter Wolle, und versäubere Schlauchende und Anschlag. Klebe den Strickschlauch um die Herzform und das Foto in die Mitte.

Stifteköcher

Clown

Vorlagen siehe Seite 41

Vorlagen siehe Seite 41

Das brauchst du

Strickliesel oder Strickmühle
Wolle, fliederfarben und orange
Papp- oder Blechdose,
ca. Ø 4 cm innen, 9 cm hoch
Filz, fliederfarben, 8 cm breit, Länge
entsprechend dem Umfang der Dose
Moosgummi, 3 mm dick, hautfarben
Moosgummi, 2 mm dick, weiß, rot,
fliederfarben, grün, schwarz
10 cm Moosgummischlauch, grün
Rest Fellimitat, rostrot
2 Knöpfe, weiß, 17 mm Ø
stumpfe Stopfnadel
Filzstifte, rot und schwarz
Schere
Kleber

So wird's gemacht

Stricke mit Strickliesel oder
Strickmühle fortlaufend einen
Schlauch von 2,10 m Länge, davon
40 cm aus fliederfarbener, den
Rest aus orangeroter Wolle.
Schlauchende und Anschlag ver-
säuberst du. Klebe zunächst den
Filzstreifen über die offene Kante
der Dose und umklebe die ganze
Dose anschließend von oben nach
unten spiralförmig mit dem
Schlauch. Dabei beginnst du oben
mit dem fliederfarbenen Teil.
Das Gesicht des Clowns, Hut und
Schleife schneidest du aus Moos-
gummi aus: Für das Gesicht zeich-

nest du zwei Kreise mit 7 cm
Durchmesser auf den hautfarbe-
nen Moosgummi, schneidest sie
aus und klebst sie aufeinander,
sodass eine dickere Scheibe entsteht. Augen und Mund paust du
von der Vorlage ab und überträgst
die Umrisse auf weißen Moosgummi, den Teil für das Innere
des Auges auf schwarzen Moosgummi. Für den Hut verwendest
du grünen, für die Schleife fliederfarbenen Moosgummi. Auf
den roten Moosgummi zeichnest
du einen Kreis von 1,5 cm Durchmesser für die Nase. Schneide alle
Teile aus und klebe das Gesicht
zusammen, wie es das Foto zeigt.
Aus fliederfarbenem Moosgummi
schneidest du ein 3 mm breites
Band und klebst es auf den Hut.
Dann gestaltest du das Gesicht
mit den Filzstiften aus: Umrande

die Augen mit schwarzem und
das weiße Feld um den Mund mit
rotem Filzstift. Die Augenbrauen zeichnest du in Schwarz,
die Lippen in Rot auf. Schneide
vom Fellimitat zwei Streifen von
je 1 x 5 cm und klebe sie unter
den Hutrand. Klebe das obere
Ende des Moosgummischlauches
auf der Rückseite des Kopfes, das
untere Ende in der Dose fest,
sodass der Clown nun über die
Vorderseite der Dose schaut. Dort,
wo der Hals in der Dose verschwindet, klebst du das Moos-
gummischleifchen auf. Darunter
klebst oder nähst du die beiden
Knöpfe auf den aufgeklebten
Strickschlauch.

Birdy

Vorlagen siehe Seite 41

Das brauchst du

Strickliesel oder Strickmühle
Wolle, hellgelb und rot
Papp- oder Blechdose, Ø 6 cm,
7 cm hoch
Filz, hellgelb, 8 cm breit, Länge entsprechend dem Umfang der Dose
Moosgummi, 2 mm dick, orange
und gelb
2 Wackelaugen, Ø 18 mm
40 cm Federboa, blau, aus
Marabufedern
Rest schwarzer Karton
stumpfe Stopfnadel
Bürolocher
Schere
Kleber

So wird's gemacht

Stricke fortlaufend 2,25 m mit gelber und 0,50 m mit roter Wolle. Schlauchende und Anschlag versäuberst du. Überklebe zunächst die offene Kante der Dose mit dem Filzstreifen. Anschließend umklebst du die ganze Dose von oben nach unten spiralförmig mit dem Strickschlauch. Beginne oben mit dem gelben Teil.

Die Vorlagen für Schnabel und Füße paust du durch und überträgst den Schnabel auf orangefarbenen, die Füße auf gelben Moosgummi. Schneide alle Teile aus und klebe den Schnabel auf, die Füße unter die Dose. Mit dem Bürolocher stanzt du zwei kleine Plättchen aus dem schwarzen Karton und klebst sie als Nasenlöcher auf den Schnabel. Die Wackelaugen setzt du mit zwei Tupfern Kleber darüber.

Damit die Frisur des Vogels üppiger ausfällt, legst du das Stück Federboa zu zwei Schlingen und klebst es über dem Gesicht an die Innenseite der Dose.

Frosch

Vorlagen siehe Seite 41

Das brauchst du

Strickliesel
Strickröhre, 11 Nägel
Pappschachtel, 6 cm lang, 4 cm
breit, 7 cm hoch
Filz, hellbraun, 8 cm breit, Länge entsprechend dem Umfang der Schachtel
Chenillegarn (Samtgarn), gelb
Styroporkugel, Ø 3 cm
Bastelfarbe, grün
Wolle, grün
Moosgummi, 2 mm dick, grün
2 Wackelaugen, Ø 12 mm
8 cm Geschenkband, rot mit weißen Punkten, ca. 2 cm breit
Nähgarn, rot
stumpfe Stopfnadel
Bastelmesser
Filzstift, schwarz
Schere
Kleber

So wird's gemacht

Überklebe zunächst die offene Kante der Schachtel mit den Filzstreifen. Damit der Filz keine Falten wirft, schneidest du ihn an den Ecken ein. Stricke mit der Strickliesel oder mit der Strickmühle einen 2,20 m langen Schlauch aus Chenillegarn und versäubere Schlauchende und Anschlag. Klebe den Schlauch spiralförmig um die Schachtel. Halbiere die Styroporkugel vorsichtig mit dem Bastelmesser (am besten lässt du dir von einem Erwachsenen helfen) und bemale sie mit der Bastelfarbe.

Stricke mit der Röhre 14 Runden aus grüner Wolle und versäubere das Schlauchende. Wende den Schlauch und schiebe die halbe Styroporkugel bis ans Ende ein. Erst dann versäuberst du auch den Anschlag.

Pause den Umriss des Frosches von der Vorlage ab, übertrage ihn auf grünen Moosgummi und schneide ihn aus. Klebe die Wackelaugen und den Bauch aus der halbierten, mit Strickschlauch überzogenen Styroporkugel auf und male die Nasenlöcher mit schwarzem Filzstift auf. Das Geschenkband nähst du zu einem Schleifchen und klebst es ebenfalls auf. Zum Schluss streichst du die Rückseite des fertigen Frosches mit Kleber ein und befestigst den Frosch auf der Schachtel.

Arche Noah mit Tieren

Arche

Vorlagen siehe Seite 42/43

Das brauchst du

Strickliesel oder Strickmühle
Wolle, hellbraun (ca. 100 g), beige
und rot (je ca. 50 g)
fester Karton
Fotokarton, dunkelrot und braun
Styroporflocken oder ähnliches
Füllmaterial
Filz, hellbraun und dunkelbraun
Vlieseline 200 zum Aufbügeln
Schachtel für die Kajüte, ca. 14 cm
lang, 4,5 cm breit, 8 cm hoch
Häkelnadel
stumpfe Stopfnadel
Nähgarn, farblich passend
Nähnadel
Schere
Heißklebepistole
Klebestift
Weißleim

So wird's gemacht

Schiffsrumpf

Übertrage diese Vorlagen auf festen Karton. Dabei musst du die Vorlage an der gestrichelten Linie umklappen und gegengleich noch einmal aufzeichnen, damit du die vollständige Form erhältst. Schneide die komplette Bootswand (Vorlage an der gestrichelten Linie verdoppeln!) zweimal aus festem Karton zu und verbinde beide Teile mit den Klebelaschen. Dann schneidest du das Zwischendeck ebenfalls aus festem Karton zu. (Nicht vergessen: An der gestrichelten Linie verdoppeln!) Schiebe dieses Teil waagerecht so weit in den Schiffsrumpf, wie es seine Form erlaubt, und fixiere es mit Heißkleber. Das Zwischendeck bestimmt die Breite des Schiffes und verleiht ihm Stabilität. Bei der Arbeit mit der Heißklebepistole lässt du dir am besten von einem Erwachsenen helfen.

Übertrage die komplette Vorlage für das Oberdeck auf braunen Fotokarton (an der gestrichelten Linie verdoppeln!), schneide die Form aus und schneide zwischen den Außenlinien die Zacken aus wie angegeben. Dann schneidest du die innere Form des Oberdecks ohne die Zacken ein zweites Mal aus braunem Fotokarton aus und klebst sie mit Klebestift in die größere. Fülle den Schiffsrumpf bis knapp 1,5 cm unterhalb der Oberkante mit Styroporflocken. Nun biegst du die Zacken am Rand des Oberdecks nach oben und klebst das fertige Oberdeck mit Weißleim in den Schiffsrumpf, sodass es auf den Styroporflocken aufliegt und die Zackenspitzen die Oberkante der Seitenwände erreichen.

Jetzt geht's ans Stricken! Weil du besonders viel Strickschlauch brauchst, um das ganze Schiff zu umkleben, verwendest du am besten eine Strickmühle, mit der du 13 m in Hellbraun strickst. Dabei solltest du nur zwei oder höchstens drei Teilstücke arbeiten, bei denen du jeweils Schlauchende und Anschlag wie gewohnt versäuberst.

Mit dem Strickschlauch und Weißleim umklebst du nun den Schiffsrumpf spiralförmig. Streiche immer nur ein kurzes Stück des Schiffsrumpfes mit Weißleim ein, drücke den Strickschlauch darauf, streiche das nächste Teilstück ein und drücke das nächste Stück Strickschlauch darauf. Auf diese Weise trocknet der Leim nicht vorzeitig und verschmiert auch den Strickschlauch nicht beim Umkleben. Anfang und Ende der einzelnen Schlauchstücke sollten immer auf Bug (= Vorderende) oder Heck (= Hinterende) des Schiffes treffen. Ist der ganze Rumpf ummantelt, überklebst du die Zacken am Oberdeck mit einem letzten Stück Strickschlauch.

Häkle zwei Luftmaschenketten aus der hellbraunen Wolle und klebe sie auf Ober- und Unterkante des Schiffes, um kleinere Mängel zu verdecken.

Zum Schluss schneidest du den Boden des Schiffes nach Vorlage (verdoppeln!) aus festem Karton zu, drehst das Schiff um und füllst den Raum zwischen Zwischendeck und Boden mit Styroporflocken. Dann klebst du den Boden mit der Heißklebepistole ein.

Für die Bullaugen, die runden Fenster in der Schiffswand, schneidest du vier Kreise mit

einem Durchmesser von 6 cm aus
dunkelbraunem Filz aus und
bügelst Vlieseline als Versteifung
auf. Klebe die Filzkreise als
Bullaugen mit Weißleim auf den
Schiffsrumpf. Stricke mit der
Strickliesel oder mit der Strickmühle acht Schläuche zu je 64
Runden aus hellbrauner Wolle,
nähe sie zu Ringen zusammen
und klebe jeweils zwei davon aufeinander. Dann klebst du diese
Ringe als Umrandung um die
Bullaugen.

Vorlagen siehe Seite 44

Kajüte

Für die Kajüte, das kleine
Häuschen auf dem Schiff,
brauchst du eine Schachtel, die
etwa 14 cm lang, 4,5 cm breit und
8 cm hoch ist. Wenn du keine fertige findest, schneidest und
klebst du dir einfach eine auf
diese Maße zurecht.
Stricke mit der Strickliesel oder
mit der Strickmühle einen
3,25 m langen Schlauch aus

beigefarbener Wolle und versäubere Schlauchende und Anschlag.
Mit diesem Schlauch umklebst du
die Schachtel spiralförmig, wobei
du an einer der oberen Ecken
beginnst.
Für das Dach schneidest du zwei
Rechtecke von 12 x 17,5 cm aus
rotem Fotokarton und klebst sie
mit Klebestift aufeinander. Dieses
Rechteck ritzt du in der Mitte der
Länge nach mit der Schere ein,
winkelst es ab und klebst es als
Dach auf die Schachtel.

Stricke mit der Strickliesel oder mit der Strickmühle aus roter Wolle 13 Schläuche von jeweils 17 cm Länge und versäubere bei jedem Schlauch Ende und Anschlag. Den ersten Schlauch klebst du mit Weißleim auf die Firstkante, also dorthin, wo das Dach am höchsten ist. Die anderen Schläuche klebst du der Reihe nach auf, jeweils sechs Schläuche auf eine Dachseite.

Für die Wellenlinien, die das Dach an beiden Längsseiten begrenzen, strickst du zwei rote Schläuche, je 60 cm lang, versäuberst sie und klebst sie wellenförmig auf. Für die Giebelseiten strickst du vier rote Schläuche – je zwei mit 10 und mit 14 cm Länge – und versäuberst sie. Dann klebst du je einen der beiden längeren Schläuche von einer unteren Dachecke an der Kante entlang über den First bis zur gegenüberliegenden unteren Ecke. Die kürzeren Schläuche klebst du zur Zierde darüber (siehe Foto).

An den beiden Längsseiten hat die Kajüte eine Tür. Dafür bügelst du auf den dunkelbraunen Filz Vlieseline auf, überträgst die äußere Kontur von der Vorlage zweimal darauf und schneidest beide Formen aus. Die innere Kontur der Tür überträgst du zweimal auf den hellbraunen Filz, schneidest die Formen aus und klebst zuerst die hellbraunen Teile auf die dunkelbraunen und anschließend die fertigen Türen auf die Kajütenwand.

Noah

Vorlagen siehe Seite 44

Das brauchst du

je 1 Strickröhre mit 6 und mit 11 Nägeln
Wolle, naturfarben
dünnes Baumwollgarn, naturfarben (eventuell Knopflochgarn)
Rest Nickistoff, hellbraun
Vlieseline 180 zum Aufbügeln
Chenilledraht, beige
1 Wattekugel, Ø 3 cm
2 Wattekugeln, Ø 2 cm
2 Wattekugeln, Ø 1,2 cm
2 halbe Holzperlen, schwarz, Ø 6 mm
1 halbe Holzperle, Ø 8 mm
Holzspieß (Schaschlikspießchen)
Bastelfarbe, hautfarben
Sicherheitsnadel
stumpfe Stopfnadel
Bastelmesser
Schere
Filzstift, fein schreibend, schwarz
Kleber

So wird's gemacht

Grundgerüst

Die Figur des Noah besteht aus Chenilledraht und Wattekugeln. Wie sie angefertigt wird, siehst du auf den folgenden drei Fotos. Damit die einzelnen Teile und Arbeitsschritte besser zu erkennen sind, wurde für die Fotos andersfarbiger Chenilledraht verwendet.

Figur 1

Biege ein 10 cm langes Stück Chenilledraht (im Foto pink) und ein 16 cm langes Stück (im Foto gelb) jeweils zu einem V. Die Enden des längeren Stücks biegst du, wie abgebildet, zu Armen mit einer Länge von 4 cm. Verhake beide Stücke ineinander.

Figur 2

Lege ein 18 cm langes Stück Chenilledraht (im Foto violett) um Figur 1: Ein Drahtende führt hinter der Figur senkrecht nach oben und überragt die Schultern um 1,5 cm. Führe dann den Draht zwischen den Beinen nach vorn und umwickle den Körper mit fünf Windungen. Das Ende des Drahtes steht mit dem Anfang nach oben.

Schneide beide Enden auf gleiche Länge, allerdings nicht zu kurz, damit du später noch die Wattekugel für den Kopf aufstecken kannst.

Figur 3

So sähe die fertige Figur mit den Wattekugeln für Kopf, Hände und Füße aus. Vorerst bemalst du nur alle Wattekugeln mit Bastelfarbe im Hautton, steckst sie aber noch nicht auf die Drähte.

Kleidung

Nun strickst du folgende Schläuche aus naturfarbener Wolle:

- Strickröhre mit sechs Nägeln: zwei Schläuche mit je elf Runden
- Strickröhre mit elf Nägeln: einen Schlauch mit 15 Runden und zwei Schläuche mit je 13 Runden

Für jeden dieser Schläuche gilt: Fädle die Maschen der letzten Runde mit der Stopfnadel auf den Faden, den du hängen lässt. Wende alle Schläuche mit der Sicherheitsnadel und ziehe Noah wie folgt an:
Als Pulli nimmst du den Schlauch mit 15 Runden, schiebst ihn von den Beinen her bis zum Halsansatz. Die Maschen auf dem Faden liegen am Halsansatz. Schiebe auch die Schläuche mit 11 Runden als Ärmel bis zum Halsansatz. Zieh die Fäden stramm an und klebe die

Kleidungsteile am Körper fest. Die Ärmel schlägst du nach außen um. Die zwei restlichen Schläuche streifst du als Hose über die Beine der Figur, ziehst die Fäden wieder stramm an und klebst die Schläuche an der Hüfte fest.

Bügle Vlieseline auf den Nickistoff auf, übertrage die Vorlage für die Weste darauf und schneide Vorder- und Rückenteil zu. Klebe die beiden Teile an den Schultern zusammen und ziehe der Figur die Weste über. Erst dann klebst du die Weste an den Seiten zusammen.

Kopf, Füße und Hände

Stecke die Wattekugeln auf die Drähte: die größte als Kopf, die mittelgroßen als Füße, die kleinsten als Hände. Bitte einen Erwachsenen, mit dem Bastelmesser die Füße an der Unterseite flach zu schneiden, dann steht die Figur besser.
Bemale die halbe Perle mit einem Durchmesser von 8 mm mit hautfarbener Bastelfarbe und klebe sie nach dem Trocknen als Nase auf. Die halben schwarzen Perlen klebst du als Augen auf. Lidstriche und Augenbrauen zeichnest du mit einem feinen schwarzen Filzstift auf.

Bart und Frisur

Für den Bart legst du etwa 20 jeweils 4 cm lange Stücke Baumwollgarn sehr dicht nebeneinander auf eine Unterlage. Die Fäden ergeben so eine Breite von etwa 2,5 cm. Quer über die Mitte

der Fäden legst du einen 3 cm langen, mit Kleber bestrichenen Faden. Wenn der Kleber getrocknet ist, faltest du die obere Hälfte über den Querfaden nach unten und klebst den Bart unter die Nase der Noah-Figur.

Für die Frisur schneidest du ein 7 x 7 cm großes Stück Pappe zu und umwickelst es 80-mal mit Baumwollgarn. Binde diesen Strang an einer beliebigen Stelle – dem späteren Scheitel- mit demselben Garn ab. Dann nimmst du den Strang von dem Pappkern ab und schneidest ihn an der dem Scheitel gegenüberliegenden Stelle auseinander. Kürze einige Fäden als Stirnfransen, klebe die Haare auf Noahs Kopf fest und verteile sie gleichmäßig.

Zum Schluss klebst du mit Weißleim einen Holzspieß als Hirtenstab an die eine Hand der Figur.

Schweinchen und Hasen

Vorlagen siehe Seite 44

Das brauchst du

Für 2 Schweinchen und 2 Hasen:
Strickröhre mit 11 Nägeln
Wolle, rosa und weiß
Filz, rosa und weiß
4 halbe Wattekugeln, Ø 2,5 cm
2 flache Knöpfe, Ø 1 cm
4 halbe Holzperlen, schwarz, Ø 4 mm
4 halbe Holzperlen, braun, Ø 4 mm
2 halbe Holzperlen, pink, Ø 4 mm
stumpfe Stopfnadel
Sicherheitsnadel
Schere
Filzstift, fein schreibend, rot und schwarz
Kleber

So wird's gemacht

Schweinchen

Stricke mit der Röhre elf Runden aus rosafarbener Wolle und versäubere das Schlauchende. Schiebe eine halbe Wattekugel in den Schlauch und versäubere auch den Anschlag. Schneide die Ohren nach der Vorlage aus rosafarbenem Filz und klebe sie an den Kopf. Den Knopf beklebst du mit rosafarbenem Filz und zeichnest mit einem feinen roten Filzstift Nasenlöcher auf. Zum Schluss klebst du die Knopfnase und zwei halbe schwarze Holzperlen als Augen auf. Das zweite Schweinchen fertigst du genauso an.

Hasen

Die Hasen stellst du auf die gleiche Weise her wie die Schweinchen, aber aus weißer Wolle. Außerdem wendest du den Strickschlauch mit der Sicherheitsnadel, bevor du die halbe Wattekugel hineinschiebst. Die Augen sind braun, die Ohren sind weiß und haben zusätzlich ein rosafarbenes Ohrinneres (siehe Vorlage). Die Schnauze ist ein rosafarbenes Filzscheibchen mit 1 cm Durchmesser. Klebe als Nase eine halbe pinkfarbene Holzperle auf. Zeichne das Maul mit schwarzem Filzstift ein. Fertige zwei Hasenköpfe nach diesem Schema an. Klebe die Tierköpfe in die Bullaugen ein.

Pinguin

Vorlagen siehe Seite 44

Das brauchst du

Für 1 Pinguin:
je 1 Strickröhre mit 11 und mit 6 Nägeln
Wolle, schwarz
Stopfgarn, schwarz
Filz, weiß und gelb
2 Wackelaugen, Ø 8 mm
1 Wattekugel, Ø 3 cm
1 Wattekugel, Ø 1 cm
dünner Karton
stumpfe Stopfnadel
Filzstift, schwarz
Schere
Kleber

So wird's gemacht

Stricke 20 Runden in Schwarz mit der Röhre mit 11 Nägeln. Versäubere das Schlauchende wie üblich. Klebe die kleine Wattekugel als Kopf auf die große. Dies ist der Rohling für den Pinguin, den du mit Filzstift schwarz bemalst. Schiebe die bemalte Figur in den Strickschlauch und versäubere den Anschlag.

Schneide nach der Vorlage den Brustlatz aus weißem und den Schnabel aus gelbem Filz zu und klebe sie am Pinguin an. Bringe die Wackelaugen mit zwei Tupfern Kleber an und klebe ein kleines Büschel aus Stopfgarn auf den Kopf. Die Füße schneidest du nach der Vorlage aus Karton aus, beklebst sie mit Filz und klebst sie unter den Pinguin.

Stricke für die Flügel auf der kleinen Röhre sieben Runden, versäubere die kurzen Schläuche und nähe sie an.

Elefant

Vorlagen siehe Seite 44

Das brauchst du

Für 1 Elefanten:
je 1 Strickröhre mit 11 und mit 6
Nägeln
Strickliesel oder Strickmühle
Wolle, grau
Filz, grau
Chenilledraht, doppelt dick und
normal, grau
1 halbe Styroporkugel, Ø 3 cm
2 halbe Holzperlen, schwarz, Ø 6 mm
Füllwatte
stumpfe Stopfnadel
Sicherheitsnadel
Schere
Kleber

So wird's gemacht

Die beiden rechten Beine –
Vorder- und Hinterbein – bestehen aus einem durchgehenden
Stück, die beiden linken Beine
ebenfalls. Für die vier Beine
strickst du mit der Strickröhre
mit 6 Nägeln zwei Schläuche in
Grau mit je 40 Runden. Fädle die
Maschen der letzten Runde mit
der Stopfnadel auf den Faden, den
du hängen lässt. Wende die
Schläuche mit der
Sicherheitsnadel und versäubere
das Schlauchende. Schiebe in
jeden Schlauch ein 15 cm langes
Stück dicken Chenilledraht, dessen Spitze du zuvor 2 mm weit
umbiegst, und versäubere den
Anschlag.
Schwanz und Rüssel bestehen
ebenfalls aus einem durchgehenden Stück. Stricke mit der Strickliesel oder mit der Strickmühle
60 Runden in Grau. Versäubere
das Schlauchende wie üblich.
Schiebe ein etwa 12 cm langes
Stück dünnen Chenilledraht ein,
dessen Spitze du zuvor etwa
2 mm weit umbiegst. Lasse ein
Endstück, den späteren Schwanz,
ohne Chenilledraht und vernähe
die Maschen am Schwanzende
nicht.
Für den Leib strickst du mit der
Röhre mit 11 Nägeln 25 Runden
in Grau. Nimm die Maschen von
den Nägeln und fädle sie mit der
Stopfnadel auf den Faden, den du
hängen lässt. Wende den
Schlauch so, dass die linken
Maschen außen liegen. Stülpe die
Hälfte des Schlauchs nach innen.
Schiebe das Schwanz-Rüssel-
Stück zusammen mit den Beinen
in den Leib. Stopfe auch etwas
Füllwatte in den Bauch. Raffe die
aufgefädelten Maschen des Leibs,
die sich jetzt an der Schulter des
Elefanten befinden, zusammen
und vernähe das Fadenende.
Ziehe mit der Stopfnadel einen
Faden durch die Maschen des
noch offenen Schlauchs am
Schwanzansatz, raffe sie ebenfalls
zusammen und vernähe auch
hier die Fadenenden.
Umwickle den Schwanz dicht mit
der grauen Wolle, spreize das
Ende auseinander und gib etwas
Kleber auf die Maschen.
Stricke für den Kopf 25 Runden in
Grau mit der Röhre mit 11
Nägeln. Stelle den Kopf genauso
her wie den Leib. Schiebe ihn
dann auf dem Rüssel zum Leib,
sodass die aufgefädelten Maschen
am Leib anliegen. Schiebe die
Styroporkugel-Hälfte in den Kopf,
sodass die Wölbung oben liegt.
Raffe die am Kopf aufgefädelten
Maschen zusammen und vernähe
das Fadenende. Nähe den Kopf im
Nacken am Leib fest. Dann ziehst
du mit der Stopfnadel einen
Faden durch die Maschen des
noch offenen Schlauchteils, raffst
sie am Rüssel zusammen und vernähst die Fadenenden.
Schneide die beiden Ohren nach
der Vorlage aus grauem Filz zu.
Klebe die beiden halben
Holzperlen als Augen und die beiden Filzstücke leicht abgespreizt
als Ohren auf. Zum Schluss biegst
du den Rüssel zurecht.

Giraffe

Vorlagen siehe Seite 44

Das brauchst du

Für 1 Giraffe:
je 1 Strickröhre mit 11 und mit
6 Nägeln
Strickliesel oder Strickmühle
Wolle, gelb
Filz, braun und beige
Chenilledraht, braun
Stickgarn, schwarz
2 Holzperlen, braun, Ø 6 mm
Füllwatte
stumpfe Stopfnadel
Schere
Kleber

So wird's gemacht

Die Giraffe wird im Wesentlichen
angefertigt wie der Elefant.
Beachte aber Folgendes:
Verwende zum Stricken der Beine
die Strickliesel oder die Strickmühle und gelbe Wolle. Versäubere das Schlauchende, schiebe den Chenilledraht ein und versäubere dann auch den Anschlag.
Für den Leib der Giraffe strickst
du 20 Runden in Gelb mit der
großen Strickröhre (11 Nägel).
Der Schlauch wird zur Hälfte
nach innen gestülpt, aber nicht
wie beim Elefanten gewendet;
die rechten Maschen liegen also
außen.
Schwanz und Hals bestehen aus
einem durchgehenden Stück.
Stricke mit der Strickliesel oder
mit der Strickmühle 36 Runden
in Gelb. Der Chenilledraht, der
eingeschoben wird, ist 12 cm
lang. Schiebe das Schwanz-Hals-

Stück zusammen mit den Beinen
in den Leib.
Bei der Giraffe ist der Übergang
vom Leib zum Hals dicker als der
restliche Hals. Um dies darzustel-
len, muss ein zusätzliches Stück
Strickschlauch über den unteren
Teil des Halses gezogen werden.
Stricke für diesen Halsansatz mit
der kleineren Röhre (6 Nägel)
zehn Runden. Fädle die Maschen
der letzten Runde mit der
Stopfnadel auf den Faden, den du
hängen lässt. Schiebe diesen
Schlauch mit der Anschlagrunde
voran über den Hals bis zum Leib,
sodass die Anschlagrunde selbst
auch im Leib verschwindet. Den
am Halsansatz noch offenen Leib
raffst du mit Faden zusammen
und vernähst ihn.
Für den Kopf strickst du mit der
kleineren Röhre (6 Nägel) fünf
Runden in Gelb und versäuberst
das Schlauchende. Trenne den
Anschlag auf, fädle die Maschen
der ersten Runde mit der
Stopfnadel auf den Faden und
lasse ihn hängen. Biege den
Chenilledraht des Halses etwa
1 cm vom Ende entfernt nach
vorn um, stecke den Kopf auf,
klebe ihn fest, raffe die Maschen
ein wenig zusammen und vernähe den Faden.
Klebe als Mähne ein 8 cm langes
Stück Chenilledraht auf. Die beiden Ohren schneidest du nach
der Vorlage aus beigefarbenem
Filz aus und klebst sie an den
Kopf. Als Stirnzapfen klebst du
1,5 cm lange Stücke Chenilledraht ein, auf deren Ende du die
Holzperlen steckst. Die Augen

stickst du mit schwarzem Garn
auf. Schneide aus braunem Filz
beliebig geformte Flecken und
klebe sie verteilt auf Leib, Halsansatz und Hals.

Fische

Das brauchst du

Für 2 Fische:
Strickröhre, 11 Nägel
Wolle, orange und rosa
2 halbe Wattekugeln, Ø 2,5 cm
2 Wackelaugen, Ø 12 mm
Häkelnadel
stumpfe Stopfnadel
Schere
Kleber

So wird's gemacht

Stricke mit der Strickröhre
(11 Nägel) fortlaufend elf Runden
in Orange und sechs Runden in
Rosa. Versäubere das Schlauchende wie üblich. Schiebe die halbe
Wattekugel ein (die Wölbung weist
zum Betrachter) und binde den
Schlauch an der Farbgrenze mit
orangefarbener Wolle ab. Trenne
den Anschlag auf und häkle das
Schlauchteil (1 Kettmasche,
1 Luftmasche im Wechsel).

Für die rosafarbene Rückenflosse arbeitest du eine Luftmasche und häkelst in diese Luftmasche fünf Stäbchen mit je einer Luftmasche dazwischen. Vernähe die Fäden. Klebe Flosse und Auge an.

Löwe

Vorlagen siehe Seite 44

Vorlagen siehe Seite 44

Das brauchst du

Für 1 Löwen:
Strickröhre mit 11 Nägeln
Strickliesel oder Strickmühle
Wolle, beige
Flauschwolle, rostrot
fertiger kleiner Pompon aus rostroter Flauschwolle
Filz, cremefarben
Chenilledraht, helle Farbe
1 Wattekugel, 2 cm Ø
1 halbe Wattekugel, 2,5 cm Ø
3 halbe Holzperlen, 6 mm Ø
Filzstift, fein schreibend, schwarz
stumpfe Stopfnadel
Schere
Kleber

So wird's gemacht

Die beiden rechten Beine – Vorder- und Hinterbein – bestehen aus einem durchgehenden Stück, die beiden linken Beine ebenfalls. Für die Beine strickst du mit der Strickliesel oder mit der Strickmühle zwei Schläuche mit je 37 Runden in Beige und versäuberst das Schlauchende. Schiebe in jeden Schlauch einen 13 cm langen Chenilledraht, dessen Spitze du zuvor etwa 2 mm weit umgebo-

gen hast. Dann versäuberst du auch den Anschlag.
Für den Leib strickst du mit der Röhre (11 Nägel) etwa 25 Runden in Beige. Nimm die Maschen von den Nägeln und fädle sie mit der Stopfnadel auf den Faden, den du hängen lässt. Wende den Schlauch so, dass die linken Maschen außen liegen. Stülpe die Hälfte des Schlauchs nach innen.
Hals und Schwanz bilden ein durchgehendes Stück. Stricke mit der Strickliesel oder mit der Strickmühle 30 Runden in Beige und versäubere das Schlauchende. Schiebe ein 11 cm langes Stück Chenilledraht ein, dessen Spitze du umgebogen hast. Versäubere auch den Anschlag. Schiebe das Hals-Schwanz-Stück zusammen mit den Beinen in den Leib und stecke die halbe Wattekugel so in den Leib, dass sie den Rücken bildet. Raffe die am Leib aufgefädelten Maschen zusammen und vernähe das Fadenende. Ziehe mit der

Stopfnadel einen Faden durch die Maschen des noch offenen Schlauchs am Schwanzansatz, raffe sie zusammen und vernähe auch hier die Fadenenden.
Für den Kopf strickst du mit der Röhre (11 Nägel) 18 Runden in Beige und versäuberst das Schlauchende. Wende den Schlauch so, dass die linken Maschen außen liegen, und stülpe die Hälfte nach innen. Schiebe die Wattekugel ein und versäubere auch den Anschlag. Nähe den Kopf auf das Halsende und klebe ihn im Nacken am Rücken fest.
Für die Mähne schneidest du von der Flauschwolle 30 Fäden von je 8 cm Länge zu und knüpfst sie paarweise und dicht über einen querliegenden, 12 cm langen Faden vom gleichen Material. Klebe diese Fransenborte als Mähne rund um den Kopf. Dann umwickelst du ein 8 x 8 cm großes Stück Pappe 30-mal mit Flauschwolle. Binde den Strang an beliebiger Stelle – dem späteren Scheitel – mit der gleichen Wolle ab. Nimm den Strang von der Pappe und schneide ihn an der dem Scheitel gegenüberliegenden Stelle auseinander. Klebe die Haare am Scheitel auf dem Kopf fest.
Schneide die Schnauze nach der Vorlage aus cremefarbenem Filz zu, klebe sie auf und ergänze Nase und Augen mit den halben Holzperlen. Schneide die Mähne zurecht. Zuletzt klebst du den fertigen Pompon am Schwanzende an.

Affe

Vorlagen siehe Seite 44

Das brauchst du

Für 1 Affen:
Strickröhre mit 11 Nägeln
Strickliesel oder Strickmühle
Wolle, braun
Filz, braun und hautfarben
1 Wattekugel, Ø 2,5 cm
4 Wattekugeln, Ø 12 mm
Chenilledraht, braun
Rest Fellimitat, braun
Füllwatte
Plastikumschlag eines alten
Taschenkalenders, schwarz
Bastelfarbe, hautfarben
1 Zahnstocher, rund
stumpfe Stopfnadel
Bürolocher
Lochzange
Schere
Filzstift, schwarz
Kleber

So wird's gemacht

Stricke für den Kopf mit der Röhre (11 Nägel) 13 Runden in Braun und versäubere das Schlauchende. Schiebe die große Wattekugel ein und versäubere auch den Anschlag.

Für den Leib strickst du mit der Röhre acht Runden in Braun, nimmst die Maschen von den Nägeln, fädelst sie mit der Stopfnadel auf und lässt den Faden hängen. Trenne auch den Anschlag auf, fädle die Maschen mit der Stopfnadel auf und lasse den Faden ebenfalls hängen. Wende den Schlauch, sodass die linken Maschen außen liegen.

Arm und Bein einer Körperseite bestehen jeweils aus einem Stück. Stricke mit der Strickliesel oder mit der Strickmühle 35 Runden in Braun, nimm die Maschen von den Nägeln, fädle sie mit der Stopfnadel auf und lasse den Faden hängen. Schiebe ein entsprechend langes Stück Chenilledraht in den Schlauch. Trenne den Anschlag auf, fädle die Maschen mit der Stopfnadel auf und lasse auch hier den Faden hängen. Bemale zwei Wattekugeln mit Bastelfarbe im Hautton und klebe, wenn die Farbe getrocknet ist, je eine davon an Arm und Bein. Ziehe die hängenden Fäden zusammen und vernähe sie. Stelle das zweite Arm-Bein-Teil genauso her.

Lege beide Arm-Bein-Teile nebeneinander und verschlinge sie in der Mitte miteinander. Das Stück für die Beine ist etwas kürzer. Schiebe den Leib über die Verbindungsstelle, stopfe etwas Watte in den Bauch, ziehe die Fäden zusammen und vernähe sie. Ziehe mit der Stopfnadel einen Faden durch die Maschen des noch offenen Leibs, raffe sie zusammen und vernähe auch hier die Fadenenden.

Schneide die beiden Ohren nach der Vorlage doppelt aus braunem Filz zu, klebe jeweils zwei Ohrteile zusammen und setze auf jedes Ohr mit einem Tupfer Kleber ein rundes Plättchen, das du mit dem Bürolocher aus hautfarbenem Filz ausstanzt. Beide Ohren klebst du leicht abgespreizt rechts und links an den Affenkopf.

Das Gesicht schneidest du aus hautfarbenem Filz nach Vorlage zu, klebst als Augen zwei winzige Plättchen auf, die du mit der Lochzange aus dem Plastikumschlag stanzt, und zeichnest mit schwarzem Filzstift die Einzelheiten auf (siehe Foto). Dann klebst du das fertige Gesicht auf den Affenkopf und ein winziges Fellstückchen an die Stirn des Affen.

Witzig und praktisch

Henkeltasche mit Mäusen

Vorlagen siehe Seite 45

Das brauchst du

Für 2 Mäuse:
Strickröhre mit 11 Nägeln
Strickliesel oder Strickmühle
Wolle, gelb, orange und grau
Filz, rosa und grau
Rest Fellimitat, grau
fertige Tasche, ca. 23 x 24 cm, mit
einer Vortasche, ca. 9 x 17 cm
Zwirn, weiß
Nähgarn, schwarz
1 Wattekugel, Ø 3,5 cm
4 Wackelaugen, Ø 7 mm
2 Knöpfe, schwarz, mit Stiel, Ø 1 cm
stumpfe Stopfnadel
Nähnadel
kleine Sicherheitsnadel
Bastelmesser
Schere
Kleber

So wird's gemacht

Für den Mäusekopf teilst du die Wattekugel mit dem Bastelmesser in zwei Hälften. Achtung! Das Messer ist sehr scharf. Lass dir von einem Erwachsenen helfen. Stricke mit der Röhre 24 Runden aus grauer Wolle und versäubere das Schlauchende. Wende den Schlauch, sodass die linken Maschen außen liegen. Stülpe die Hälfte des Schlauchs nach innen und schiebe eine halbe Wattekugel ein. Dann ziehst du mit der Stopfnadel einen Faden durch die Maschen an der Schlauchöffnung, raffst sie zusammen und vernähst die Fadenenden.

Mit Strickliesel oder Strickmühle strickst du ebenfalls aus grauer Wolle je 20 Runden für die Arme und 28 Runden für den Schwanz. Nähe eine Seite der Arme zu und umwickle die offenen Maschen der anderen Seite mit grauer Wolle. Spreize die Maschen auseinander und gib etwas Kleber darauf, sodass die Maschen wie kleine Krallen wirken.

Wende das Strickstück für den Schwanz mit der Sicherheitsnadel, versäubere das Schlauchende wie üblich und verknote es.

Schneide die Ohren nach der Vorlage viermal aus grauem Filz und das Ohrinnere zweimal aus rosafarbenem Filz zu. Nähe jeweils zwei graue Teile an den vorgezeichneten Linien zusammen, wende das Ganze und klebe das Ohrinnere ein.

Bestreiche ein 25 cm langes Stück Zwirn mit Kleber und lasse es frei hängend trocknen. Danach schneidest du fünf jeweils 4 cm lange Stücke von dem steifen Zwirn ab und nähst sie als Schnurrbart zusammen mit einem Knopf als Nase an den Kopf. Klebe die Wackelaugen und

ein kleines Stück Fellimitat als Haarschopf auf.

Nun klebst du zuerst die Ohren und anschließend den Kopf auf die Tasche. Die Arme der Maus nähst du von innen an die Vortasche, sodass sie oben aus der Tasche herausschauen. Um den Schwanz in der Tasche zu befestigen, trennst du ein paar Stiche der unteren Naht auf, mit der die Vortasche auf der eigentlichen Tasche befestigt ist, steckst den Schwanz von unten hinter die Vortasche und nähst beides mit ein paar Stichen wieder fest.

Für die bunten Schleifen strickst du mit der Strickliesel oder mit der Strickmühle je 33 cm in Gelb oder Orange und versäuberst Schlauchende und Anschlag wie üblich. Den fertigen Schlauch bindest du zur Schleife, die du auf der Vortasche annähst oder anklebst.

29

Gürteltasche mit Raupe

Vorlagen siehe Seite 45

Das brauchst du

Strickröhre mit 11 Nägeln
Wolle, dunkelgrün
Filz, gelb, hellgrün, rot und
schwarz
fertiges Schleifchen, rosa-weiß
kariert, 2,5 x 3,5 cm
6 cm Chenilledraht, grün
2 Holzperlen, grün, Ø 8 mm
1 Wattekugel, Ø 2,5 cm
2 Wattekugeln, Ø 2 cm
fertige Gürteltasche, 14 x 16 cm, mit
3 cm langem Einschnitt
Nähgarn, grün
stumpfe Stopfnadel
Kochlöffel
Bastelmesser
Bürolocher
Schere
Kleber

So wird's gemacht

Stricke mit der Strickröhre 37
Runden in Dunkelgrün und ver-
säubere das Schlauchende.
Wende den Schlauch mit einem
Kochlöffelstiel. Halbiere die
Wattekugeln mit dem Bastel-
messer. Die große Halbkugel stellt
den Kopf dar, drei der kleinen
Halbkugeln bilden den Leib.
Schiebe sie in dieser Reihenfolge
in den Strickschlauch.
(Eine halbe Wattekugel bleibt für
eine andere Bastelarbeit übrig.)

Binde den Schlauch jeweils zwischen zwei Halbkugeln mit Nähgarn ab. Das offene Ende nähst du
flach zusammen.
Schneide die Augen nach Vorlage
aus: die größere Form aus hellgrü-
nem, die kleinere Innenform aus
gelbem Filz. Die Pupillen stanzt
du mit dem Bürolocher aus
schwarzem Filz aus und klebst
die Teile für die Augen so aufeinander, wie es das Foto zeigt.
Schneide das Maul für die Raupe
aus rotem Filz aus und klebe
Augen und Maul auf den Raupenkopf.
Für die Fühler kürzt du mit der
Schere die Haare des Chenille-
drahtes und teilst den Draht in
zwei gleich lange Stücke. Stecke
jeweils auf ein Ende eine grüne
Holzperle, stecke das andere Ende

in den Raupenkopf und befestige
diese Fühler zusätzlich mit einem
Tupfer Kleber.
Das flache Ende der Raupe
schiebst du in den Einschnitt in
der Taschenvorderseite und
klebst die Raupe auf der Tasche
fest. Zuletzt setzt du das
Schleifchen mit einem Kleber-
tupfer unter den Kopf der Raupe.

Schal mit Bärenkopf

Vorlagen siehe Seite 45

Das brauchst du

Strickröhre mit 16 Nägeln
Strickliesel oder Strickmühle
Wolle, beige, pink und grün
Nickistoff, beige
Vlieseline 180 zum Aufbügeln, weiß
2 Tieraugen, Ø 1 cm
Knopf, schwarz, mit Stiel, Ø 1 cm
fertiger Schal, 10 x 80 cm
Rest Fellimitat, beige
Styroporkugel, Ø 4 cm
stumpfe Stopfnadel
Kugelschreiber, schwarz
Nähgarn, beige
Nähnadel
Bastelmesser
Kleber

So wird's gemacht

Stricke aus beigefarbener Wolle für den Kopf 32 Runden mit der Strickröhre und versäubere das Schlauchende. Wende den Schlauch so, dass die linken Maschen außen liegen. Stülpe die Hälfte des Strickschlauchs nach innen.
Halbiere die Styroporkugel mit dem Bastelmesser. Achtung! Das Messer ist sehr scharf. Lass dir von einem Erwachsenen helfen. Eine Hälfte schiebst du als Kopf bis zum Ende in den Schlauch und versäuberst den Anschlag. (Die zweite Hälfte der Styroporkugel

kannst du für eine andere Bastelarbeit aufbewahren.)
Lege den Nickistoff rechts auf rechts zusammen (das heißt, dass die flauschige Seite innen liegt), übertrage die Ohren von der Vorlage auf den Stoff und schneide sie zweimal aus dem doppelt gelegten Stoff zu. Dann nähst du die beiden Ohren zusammen, lässt aber die gerade Kante zum Wenden offen. Wende die Ohren, sodass die flauschige Seite nun außen liegt, falte an der geraden Kante jeweils 0,5 cm nach innen um und nähe die Öffnung mit einigen Stichen zu. Die Ohren nähst du an den Bärenkopf.
Bügle Vlieseline auf ein Stück Nickistoff und schneide die

Schnauze nach Vorlage aus. Zeichne das Maul mit Kugelschreiber auf, nähe den Knopf als Nase an und klebe die fertige Schnauze, die Augen und ein Stückchen Fellimitat als Haarschopf auf den Kopf.
Stricke mit der Strickliesel oder Strickmühle 18 cm aus grüner und 38 cm aus pinkfarbener Wolle, versäubere Schlauchende und Anschlag und verknote beide Schläuche an beiden Enden.
Binde den pinkfarbenen Schlauch zur Schleife und klebe die Schleife zusammen mit dem grünen Schlauchstück unter das Maul.
Zum Schluss nähst du den Bärenkopf auf den Schal.

Kleidung für Modepuppen

Felljacke mit Strickärmeln und Rock

Vorlagen siehe Seite 46

Vorlagen siehe Seite 46

Das brauchst du

je 1 Strickröhre mit
11 und 16 Nägeln
Flauschwolle, lila
Gummifaden, lila
Fellimitat, weiß
Nähgarn, weiß
Häkelnadel
stumpfe Stopfnadel
Nähnadel
Schere
Kleber

So wird's gemacht

Jacke
Fertige nach der Vorlage für Vorder- und Rückenteil der Jacke einen Papierschnitt an und schneide danach ein Rückenteil und zwei Vorderteile aus Fellimitat zu. Dabei musst du den Schnitt für das zweite Vorderteil umdrehen, damit zwei gegengleiche Teile entstehen. Das Fellimitat wird vorsichtig von der Rückseite her geschnitten, damit die Härchen auf der Vorderseite erhalten bleiben. Das erreichst du, wenn du die Schere nur wenig öffnest und dadurch kleine Schnitte ausführst. Nähe die Teile an Seiten und Schultern mit Handstichen aneinander. Stricke mit der kleinen Röhre 28 Runden aus Flauschwolle. Nimm den Schlauch von den Nägeln und häkle als Abschlussrunde eine feste Masche in jede Masche der letzten Runde mit jeweils einer Luftmasche dazwischen. Trenne den Anschlag auf und häkle auch hier, wie beschrieben, eine Abschlussrunde. Arbeite den zweiten Ärmel genauso. Wende die Ärmel und nähe sie in die Armausschnitte der Jacke.

Rock
Stricke mit der großen Röhre 20 Runden aus Flauschwolle. Nimm den Schlauch von den Nägeln und häkle eine Abschlussrunde (siehe Jacke). Trenne den Anschlag auf und häkle auch hier eine Abschlussrunde. Ziehe mit Hilfe der Stopfnadel an einer Kante einen Gummifaden ein, dessen Länge der Taillenweite deiner Puppe entspricht.

Abendkleid in Weiß, Silber und Türkis

Das brauchst du

je 1 Strickröhre mit
6 und 16 Nägeln
Wolle, weiß
Lurexgarn, türkis
Lurexstoff, silber
Vlieseline 180 zum Aufbügeln, weiß
Klettband, weiß
17 Wachsperlen, türkis, Ø 3 mm
Pailletten in Blattform, silber
Häkelnadel
Sicherheitsnadel
stumpfe Stopfnadel
Nähnadel
Nähgarn, weiß und türkis
schmale Gummilitze, weiß
Kleber

So wird's gemacht

Oberteil
Stricke 18 Runden aus weißer Wolle mit der großen Strickröhre (16 Nägel). Nimm den Schlauch von den Nägeln und häkle als Abschluss zwei Runden mit Lurexgarn: Häkle eine feste Masche in jede Masche der letzten Runde mit jeweils einer Luftmasche dazwischen. Trenne den Anschlag auf und häkle ebenfalls zwei Runden mit Lurexgarn als Abschluss.
Für die Ärmel strickst du jeweils 15 Runden mit der kleineren Strickröhre (6 Nägel). Häkle die

Abschlussrunden wie für das Oberteil. Wende die Ärmel.

Rock

Schneide aus Lurexstoff ein 55 x 12 cm großes Rechteck und einen Streifen von 20 x 6 cm zu. Bügle Vlieseline auf beide Teile. Arbeite zwei Reihen Vorstiche an einer Längsseite und kräusle das Rechteck auf die Länge des Streifens ein.

Schlage eine Längsseite des Streifens 1 cm nach hinten um und steppe ihn an dieser Bruchkante als Rockpasse auf das Lurexrechteck. Schließe die Rocknaht bis 3 cm unter dem oberen Rand. Schlage den Stoff am oberen Rand 1 cm breit auf die linke Seite um und steppe diesen Umschlag als Tunnel für die Gummilitze fest. Dann misst du ein Stück Gummilitze ab, das genau um die Taille deiner Puppe passt, und ziehst die Gummilitze ab. Ziehe die Gummilitze in den Tunnel an der Oberkante des Rocks ein. Nähe Anfang und Ende der Litze am umgeschlagenen Stoff fest. Am offenen Teil der Seitennaht nähst du beidseitig ein Stück Klebeband auf. Nähe Perlen gleichmäßig verteilt auf das Oberteil und die Blattpailletten mit je einer Wachsperle 1 cm vom unteren Rand entfernt auf den Rock.

Pinkfarbenes Abendkleid

Das brauchst du

je 1 Strickröhre mit 6 und 16 Nägeln
Flauschwolle, rosa
transparenter Jerseystoff, pink
1 m Schmuckband, pink, 7 mm breit
Filz, rosa
Klettband
Gummifaden
Nähgarn, pink
10 Strasssteine zum Aufkleben
Häkelnadel
stumpfe Stopfnadel
Schere
Kleber

So wird's gemacht

Oberteil

Stricke 25 Runden mit der großen Strickröhre (16 Nägel), nimm den Schlauch von den Nägeln und häkle als Abschlussrunde eine feste Masche in jede Masche der letzten Runde mit jeweils einer Luftmasche dazwischen. Trenne den Anschlag auf und häkle auch hier eine Abschlussrunde, wie eben beschrieben.
Stricke für die Ärmel fünf Runden mit der kleinen Röhre. Häkle die Abschlussrunden wie beim Oberteil. Für den Volant schneidest du zwei Stoffstreifen von 5 x 12 cm zu und nähst jeden von ihnen an den Schmalseiten zusammen. Falte diese Ringe so, dass sich eine Volantbreite von 2,5 cm ergibt und die Naht innen

liegt. Arbeite knapp 1 cm von der Bruchkante entfernt zwei Reihen Heftstiche, kräusle jeden Stoffring auf Ärmelweite ein und nähe an der Unterkante jedes Ärmels einen Volant fest. Schneide vom Schmuckband 16 cm ab, falte das Stück quer in der Mitte und klebe es zu einem 8 cm langen Träger zusammen. Auf diesen Träger klebst du drei Strasssteine und nähst den Träger mit der strassgeschmückten Seite nach vorne in der vorderen Mitte des Oberteils an. Am anderen Ende des Trägers und in der hinteren Mitte des Oberteils (innen) nähst du jeweils ein Stück Klettband an, sodass du der Puppe das Oberteil gut an- und ausziehen kannst. Das Oberteil allein ergibt ein schickes Partykleid, wenn du an der Unterkante noch einen Volant anbringst. Schneide dazu einen Stoffstreifen von 6 x 40 cm zu und arbeite den Volant, wie bei den Ärmeln beschrieben.

Rock

Schneide aus dem transparenten Jerseystoff ein 30 x 70 cm großes Rechteck zu und nähe es an den Schmalseiten zusammen. Falte dieses Stück so, dass sich dabei die Rocklänge von 15 cm ergibt und die Naht innen verläuft. Steppe das Teil 1 cm von der Bruchkante entfernt ab und ziehe zwei Gummifäden ein. Passe den Rock der Taillenweite an und verknote die Fadenenden. Für den Volant schneidest du einen Stoffstreifen von 12 x 90 cm zu und nähst ihn ebenfalls an den

Schmalseiten zusammen. Falte ihn so, dass sich eine Volantbreite von 6 cm ergibt und die Naht innen liegt. Kräusle ihn 1 cm von der Bruchkante entfernt auf Rockweite ein. Nähe den Volant so am Rock fest, dass Volant- und Rockunterkante miteinander abschließen. Das restliche Schmuckband teilst du in sieben jeweils etwa 12 cm lange Stücke,

arbeitest jeweils an der Längskante eine Reihe Heftstiche und kräuselst die Stücke ein. Schneide sieben Filzscheibchen in der Größe von 1-Cent-Stücken zu und klebe darauf die eingekräuselten Bandstücke zu Rosetten. Diese Rosetten klebst du gleichmäßig verteilt auf den Rock und setzt mit einem Tupfer Kleber jeweils einen Strassstein in die Mitte.

Die Oberteile der beiden Abendkleider einmal anders: Das rosafarbene Top wird hier durch einen Volant zum flotten Partykleid, und das Oberteil in Weiß, Silber und Türkis passt ohne die einzeln gearbeiteten Ärmel auch zu einer einfachen Hose.

Deko-Ideen für Frühjahr und Ostern

Hasenparade

Vorlagen siehe Seite 46

Das brauchst du

Für 2 große und 2 kleine Hasen
(siehe Foto):
je 1 Strickröhre mit 6 und mit
11 Nägeln
Flauschwolle, weiß, grau und
hellbraun
Filz, weiß, grau, rosa, hellbraun,
hellgrün, pink
Stoffreste, lila-weiß und rot-weiß
kariert
Wattekugeln
4 Wattekugeln, Ø 10 mm
4 Wattekugeln, Ø 15 mm
2 Wattekugeln, Ø 20 mm
2 Wattekugeln, Ø 25 mm
2 Wattekugeln, Ø 30 mm
2 Wattekugeln, Ø 35 mm
Satinband, gelb und rosa,
 grün und lila, 3 mm breit
je 1 Dekorblütchen aus Samt,
dunkelrot und lila
Reste Fellimitat, weiß und braun
8 halbe Holzperlen, braun, Ø 6 mm
2 halbe Holzperlen, pink, Ø 6 mm
2 Metallglöckchen, Ø 1 cm
Nähgarn, farblich passend
Zwirn, weiß und braun
Häkelnadel Nr. 3
stumpfe Stopfnadel
Nähnadel
Bürolocher
Schere
Kleber

So wird's gemacht

Weißer Hase
Stricke mit der größeren Röhre
(11 Nägel) aus weißer
Flauschwolle für den Leib 30 Runden und für den Kopf 20 Runden.
Für beide Beine strickst du mit
der kleineren Röhre (6 Nägel)
auch aus weißer Flauschwolle je
einen Schlauch mit 16 Runden,
für beide Arme je einen Schlauch
mit zehn Runden.
Versäubere jeweils das Schlauchende wie üblich und wende den
Schlauch, sodass die linke Seite
außen liegt. Stülpe die Hälfte des
Schlauchs nach innen und schiebe folgende Wattekugeln in die
entsprechenden Schläuche:

Leib: 35 mm
Kopf: 30 mm
Beine: 15 mm
Arme: 10 mm

Versäubere auch den Anschlag
und klebe alle Teile zusammen.
Als Hasenschwanz häkelst du eine
Büschelmasche: Arbeite eine
Luftmasche in eine
Anschlagmasche, schlinge den
Faden um die Häkelnadel, stich in
die Luftmasche ein und hole eine
Schlinge durch, die du auf der
Häkelnadel liegen lässt. Wieder-
hole diesen Vorgang, bis du neun
Schlingen auf der Nadel hast.

Dann ziehst du den Faden durch
alle neun Schlingen und häkelst
eine Kettmasche zum Abschluss.
Schneide die Ohren viermal aus
weißem Filz nach der äußeren
Kontur der Vorlage und zweimal
aus rot-weiß kariertem Stoff nach
der inneren Kontur der Vorlage
aus. Klebe je zwei Filzteile bis zur
gestrichelten Linie zusammen und
je ein Stoffteil als Ohrinneres
auf die obere Filzlage. Spreize die
Klebelaschen auseinander und
klebe die Ohren mit der Stoffseite
nach vorne am Kopf an.
Die Augenumrandungen schneidest du aus rosafarbenem Filz
nach der Vorlage aus und klebst
zwei halbe braune Holzperlen als
Augen auf. Dann klebst du die
Augen auf den Hasenkopf.
Bestreiche ein langes Stück Zwirn
mit Kleber und lasse es trocknen.
Von diesem versteiften Zwirn
schneidest du sechs jeweils 3 cm
lange Stücke ab und klebst sie als
Schnurrbart zusammen mit einer
halben rosafarbenen Holzperle
als Nase auf.
Lege ein 2 x 4 cm großes Stück
grünen Filz zur Schleife, binde es
mit gelbem Satinband ab und
klebe es unterhalb des
Hasenkopfes auf. Mit einem
Tupfer Kleber befestigst du ein
Stückchen weißes Fellimitat als
Haarbüschel auf dem Kopf des
Hasen.

Brauner Hase
Den braunen Hasen fertigst du
genauso an wie den weißen,
wechselst jedoch die Farben: Die
Strickschläuche arbeitest du aus

brauner Flauschwolle, die Ohren aus braunem Filz und lila-weiß kariertem Stoff. Die Augenumrandungen schneidest du aus weißem Filz, die Barthaare aus braunem Zwirn und die Schleife aus pinkfarbenem Filz und rosafarbenem Satinband.

Graues Hasenpaar

Im Prinzip werden auch die grauen Hasen angefertigt wie der weiße Hase, jedoch mit einigen kleinen Änderungen: Stricke für den Leib mit der kleinen Röhre 24, für den Kopf 18 Runden aus grauer Flauschwolle. Für den Leib verwendest du je eine Wattekugel mit 25 mm, für den Kopf je eine mit 20 mm Durchmesser. Stanze für das Maul mit dem Bürolocher je ein Plättchen aus rosafarbenem Filz aus und klebe es zusammen mit den Barthaaren (weiß, 2 cm lang) auf.

Die beiden kleinen Hasen haben gehäkelte Arme und Beine: Häkle wie für den Schwanz auch für jeden Arm und jedes Bein eine Büschelmasche, wie beim weißen Hasen beschrieben.
Als Dekoration schneidest du je ein 8 cm langes Stück grünes oder lilafarbenes Satinband ab, ziehst ein Glöckchen auf und klebst das Band um den Hals des Häschens. Klebe je ein Samtblütchen in eines der Hasenohren.

Fröhliche Eierwärmer

Vorlagen siehe Seite 47

Vorlagen siehe Seite 47

Das brauchst du

Für 3 Eierwärmer:
Strickliesel oder Strickmühle
Wolle, hellgelb, dottergelb, rot,
grün, braun und schwarz
Filz, weiß, orange, rot, grau
und schwarz
1 Styropor-Ei
Chenilledraht, braun
2 Wackelaugen mit weißen Lidern
2 Holzperlen, braun, Ø 8 mm
fertiges Schleifchen nach Belieben
Nähgarn, farblich passend
stumpfe Stopfnadel
Nähnadel
Eierbecher
Bürolocher
Schere
Kleber

So wird's gemacht

Marienkäfer Felix

Stricke fortlaufend 80 cm aus
roter und 50 cm aus schwarzer
Wolle und versäubere Schlauchende und Anschlag. Stelle ein Ei
aus Styropor in einen Eierbecher
und nähe um diese Grundform
herum den Strickschlauch spiralförmig aneinander. Fasse beim
Zusammennähen nur jeweils das
halbe Maschenglied. Wende
das Häubchen, sodass die Naht
innen liegt.
Aus schwarzem Filz schneidest du
mehrere Kreise mit 1,5 und 1 cm
Durchmesser und den Mund des

Marienkäfers nach der Vorlage zu
und stanzt zwei Plättchen mit
dem Bürolocher als Pupillen für
die Augen aus. Aus weißem Filz
schneidest du zwei Kreise mit
1 cm Durchmesser für die Augen
aus. Klebe die Teile als Gesicht
und Marienkäferpunkte auf, wie
es das Foto zeigt.
Für die Fühler strickst du zwei jeweils 2,5 cm lange Schläuche aus
schwarzer Wolle und versäuberst
bei beiden Schlauchende und
Anschlag. Schneide aus grauem
Filz zwei Streifen von 1,5 x 5 cm
zu, schneide die Längsseite fran-
senartig ein und klebe um ein
Ende jedes Fühlers einen solchen
Fransenstreifen. Dann nähst du
die Fühler auf dem Eierwärmer
fest.

Biene Lola

Stricke fortlaufend 20 cm aus
brauner, 20 cm aus gelber,
18 cm aus brauner, und 55 cm aus
gelber Wolle und arbeite daraus
ein Häubchen, wie beim Marienkäfer beschrieben.
Schneide den Mund nach der Vorlage aus orangefarbenem Filz aus.
Klebe Mund und Wackelaugen
auf (siehe Foto). Für die Fühler
schneidest du ein 6 cm langes
Stück Chenilledraht ab, biegst es
V-förmig und klebst auf jedes
Ende eine braune Holzperle. Die
fertigen Fühler und das Schleifchen nähst du auf der Oberseite
des Eierwärmers an.

38

Raupe Gitte

Stricke fortlaufend 72 cm aus hellgelber und 32 cm aus grüner Wolle und arbeite daraus ein Häubchen, wie beim Marienkäfer beschrieben.

Schneide nach der Vorlage den Mund aus rotem und die Augen aus weißem Filz aus und stanze mit dem Bürolocher die beiden Pupillen aus schwarzem Filz aus. Klebe alle Teile für das Gesicht auf, wie es das Foto zeigt. Aus rotem Filz stanzt du beliebig viele Plättchen mit dem Bürolocher aus und klebst sie jeweils mit einem Tupfer Kleber gleichmäßig verteilt auf den Eierwärmer. Zum Schluss fertigst du einen Pompon aus grüner Wolle an (siehe Seite 9) und nähst ihn auf dem Kopf der Raupe fest.

Küken

Vorlagen siehe Seite 47

Vorlagen siehe Seite 47

Das brauchst du

Für 2 Küken:
je 1 Strickröhre mit 6 und
mit 11 Nägeln
Wolle, dottergelb
Filz, weiß, orange und in beliebigen
anderen Farben
2 Wattekugeln, Ø 20 mm
2 Wattekugeln, Ø 25 mm
Satinband, gelb und grün, 6 mm breit
2 gelbe Flaumfedern
Nähgarn, farblich passend
Plastikumschlag eines alten
Kalenders, schwarz
stumpfe Stopfnadel
Nähnadel
Lochzange
Schere
Kleber

So wird's gemacht

Stricke für den Leib mit der kleinen Röhre 24, für den Kopf 18 Runden aus dottergelber Wolle und fertige Kopf und Leib der Küken nach der Anleitung für den weißen Hasen an. Verwende je eine Wattekugel mit 20 mm Durchmesser für den Kopf, je eine mit 25 mm Durchmesser für den Körper.

Schneide Füße und Schnäbel nach der Vorlage aus orangefarbenem Filz zu und stanze für die Augen mit der Lochzange winzige Plättchen aus dem schwarzen Kalenderumschlag. Klebe die

Füße unter die Küken und setze die Gesichter mit winzigen Klebstofftupfern zusammen, wie es das Foto zeigt.

Für jede der Kappen schneidest du das dreieckige Segment viermal und den Kappenschirm einmal aus Filz in Farben deiner Wahl zu. Nähe die vier Segmente zur Kappe zusammen und klebe den Schirm an die Kappe und anschließend die fertige Kappe auf das Küken. Binde jeweils ein Stück Satinband um den Hals der Küken und klebe eine Flaumfeder an.

Vorlagen für die

Strickliesel

Schmuck für Kinder

Pandabär, Seite 14

Auge   *Ohr*   *Maul*

Schmetterling, Seite 15

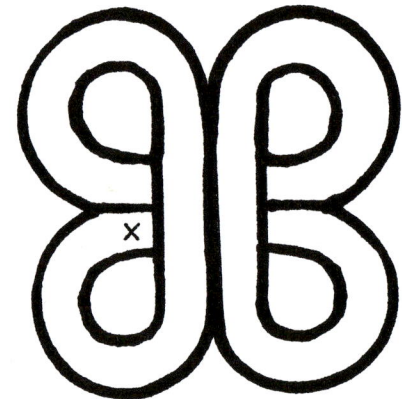

Glückwunschkarten

Karte mit Herzen, Seite 17

Stifteköcher

Clown, Seite 18

Birdy, Seite 19

Clown, Hut

Birdy, Schnabel

Clown, Schleife

Birdy, Fuß

Clown, Mund

Frosch, Seite 19

Clown, Augen

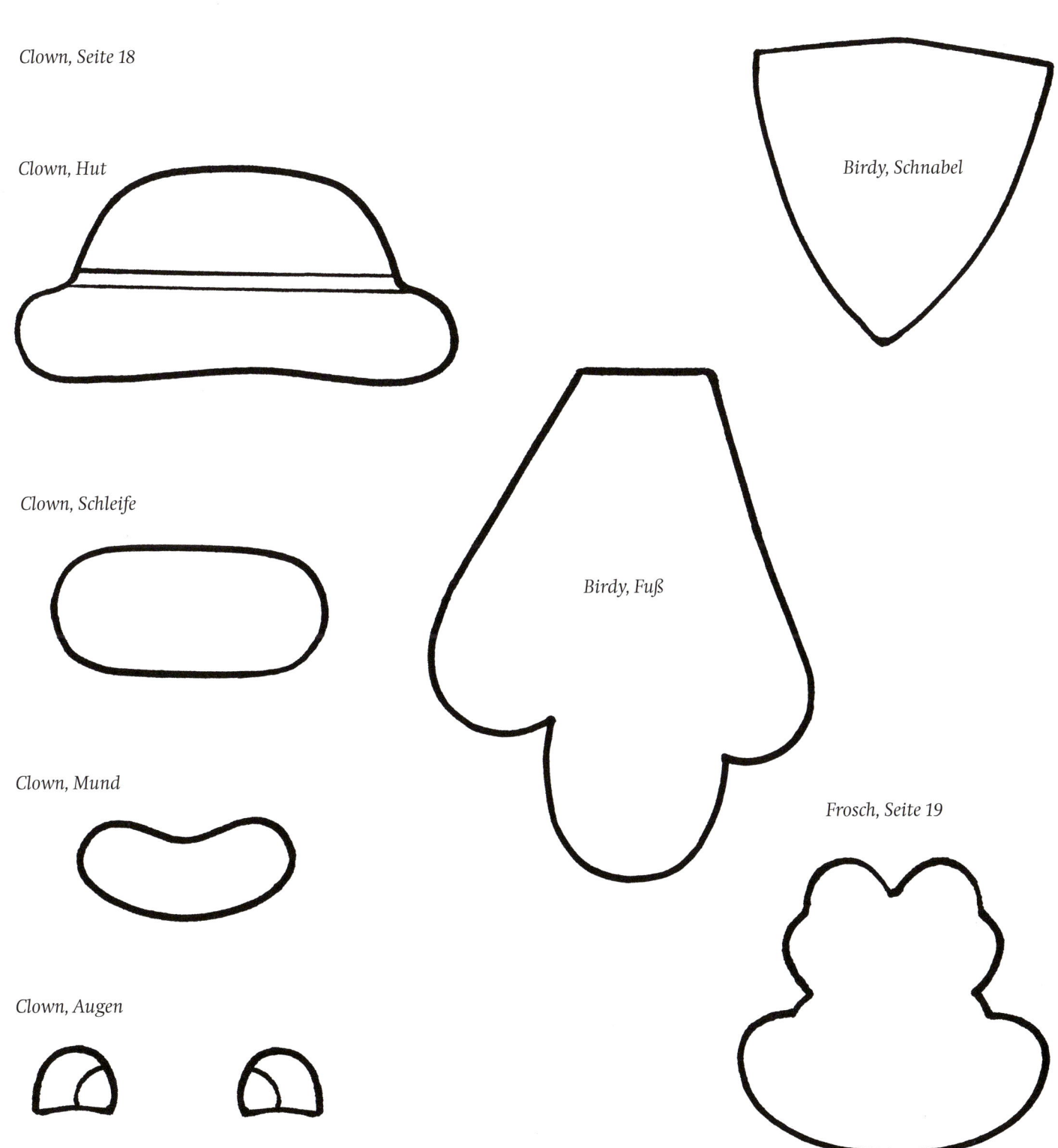

41

Arche Noah

Seite 20

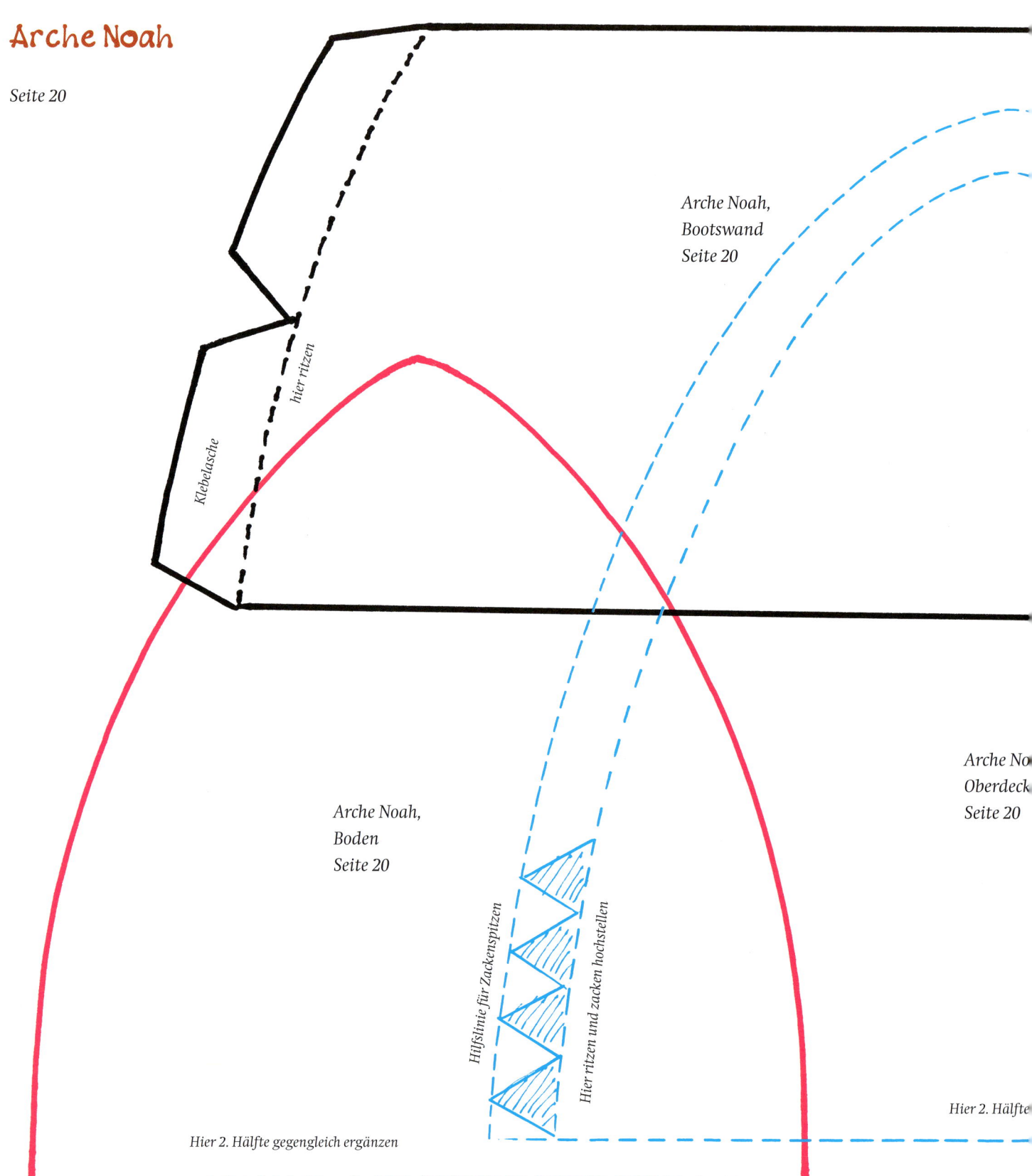

Kleblasche

hier ritzen

Arche Noah,
Bootswand
Seite 20

Arche Noah,
Boden
Seite 20

Arche No
Oberdeck
Seite 20

Hilfslinie für Zackenspitzen

Hier ritzen und zacken hochstellen

Hier 2. Hälfte gegengleich ergänzen

Hier 2. Hälfte

42

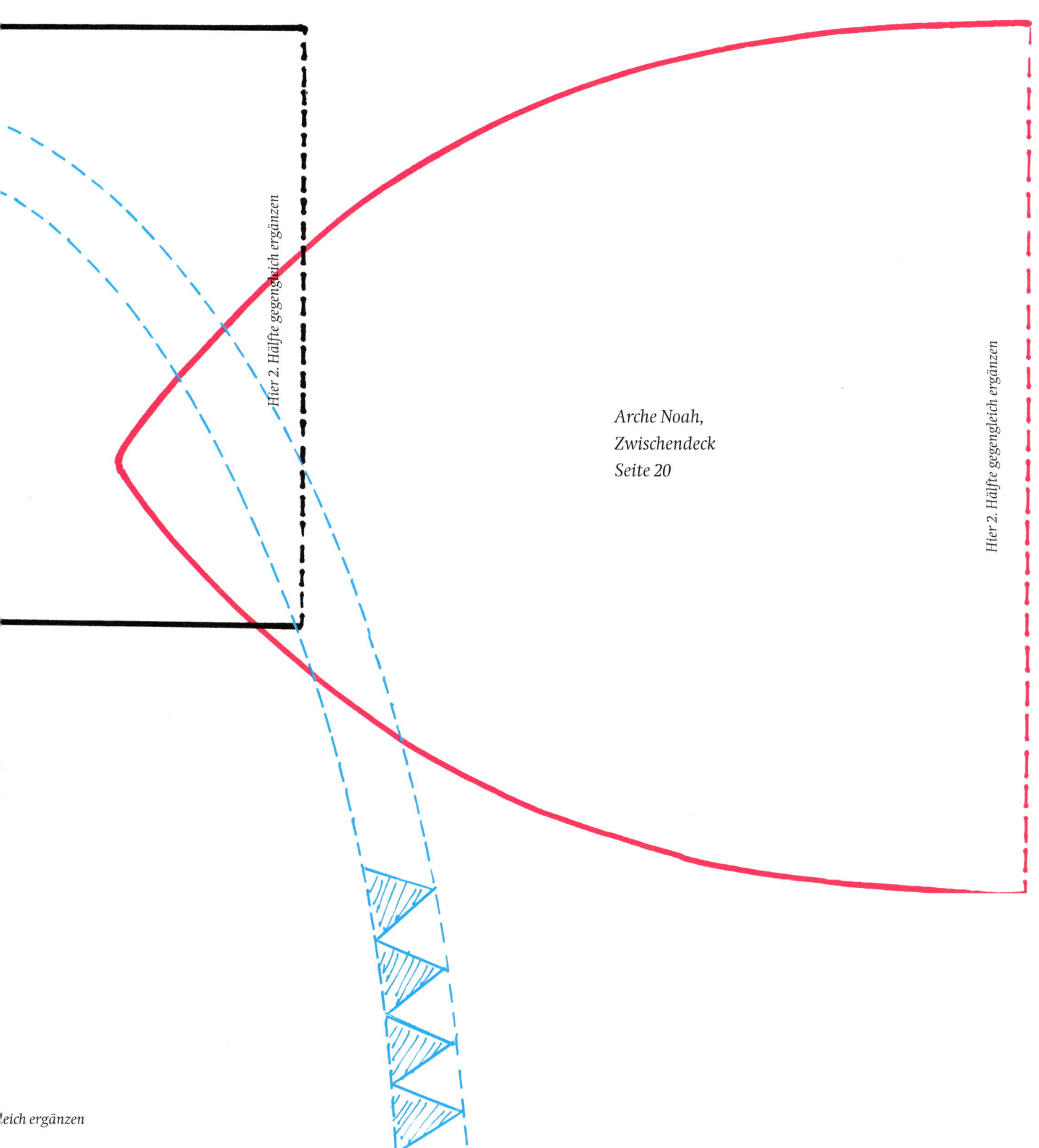

Hier 2. Hälfte gegengleich ergänzen

Hier 2. Hälfte gegengleich ergänzen

Arche Noah,
Zwischendeck
Seite 20

...eich ergänzen

43

Noah mit Tieren

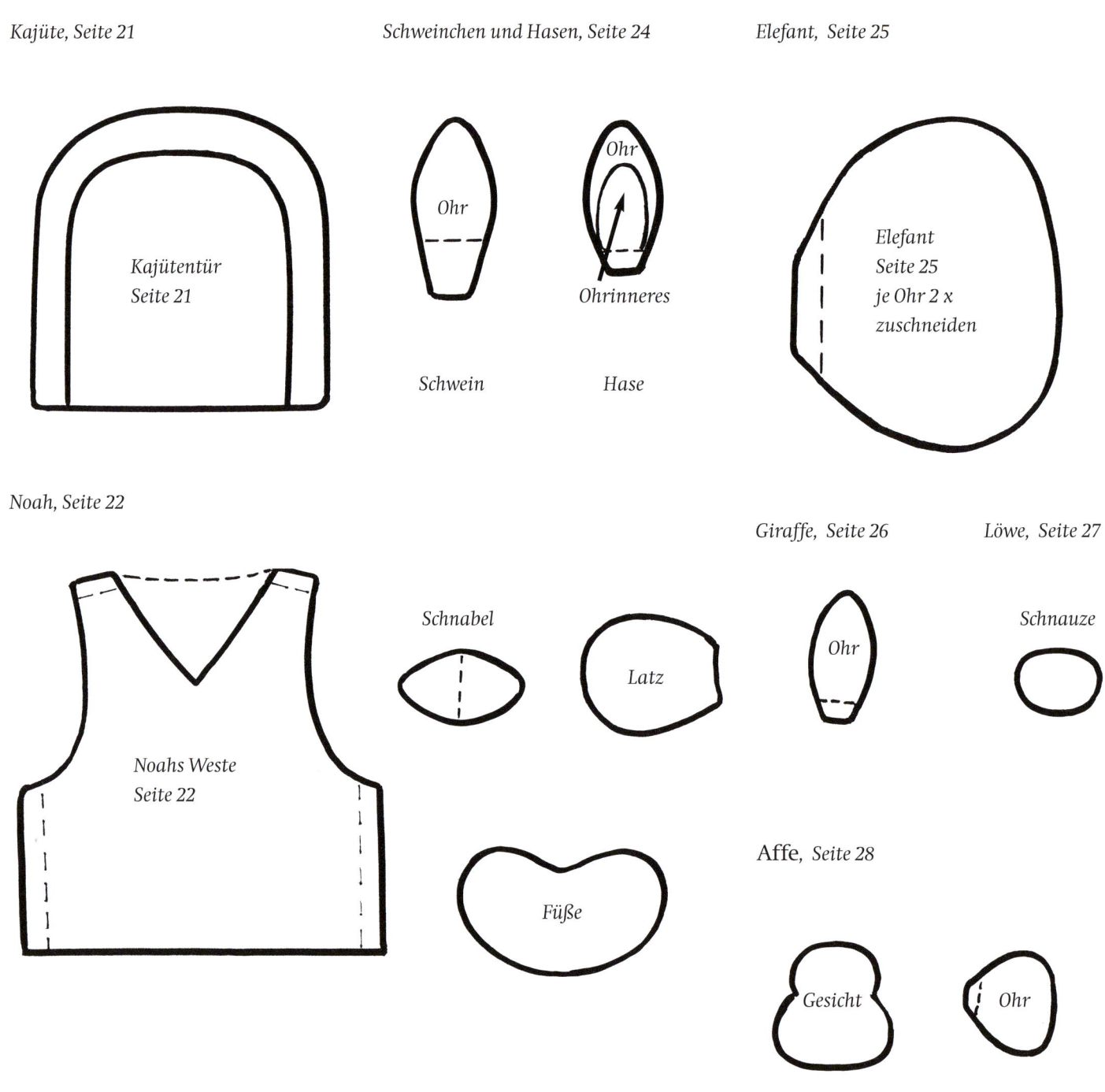

Kajüte, Seite 21

Schweinchen und Hasen, Seite 24

Elefant, Seite 25

Kajütentür
Seite 21

Ohr

Schwein

Ohr

Ohrinneres

Hase

Elefant
Seite 25
je Ohr 2 x
zuschneiden

Noah, Seite 22

Giraffe, Seite 26

Löwe, Seite 27

Schnabel

Latz

Ohr

Schnauze

Noahs Weste
Seite 22

Füße

Affe, Seite 28

Gesicht

Ohr

Witzig und praktisch

Henkeltasche mit Mäusen, Seite 29

Gürteltasche mit Raupe, Seite 30

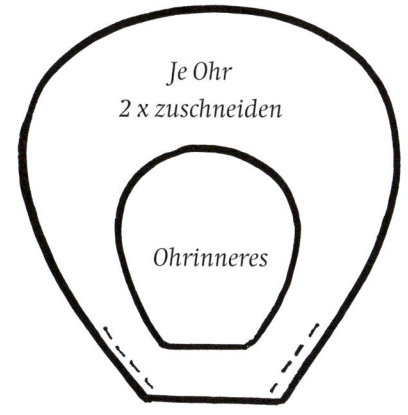

Je Ohr
2 x zuschneiden

Ohrinneres

Maul

Auge

Schal mit Bärenkopf, Seite 31

Je Ohr
2 x zuschneiden

Ohr

Schnauze

Nach dem Wenden dieses Stück nach innen einschlagen

Kleidung für Modepuppen

Felljacke, Seite 33

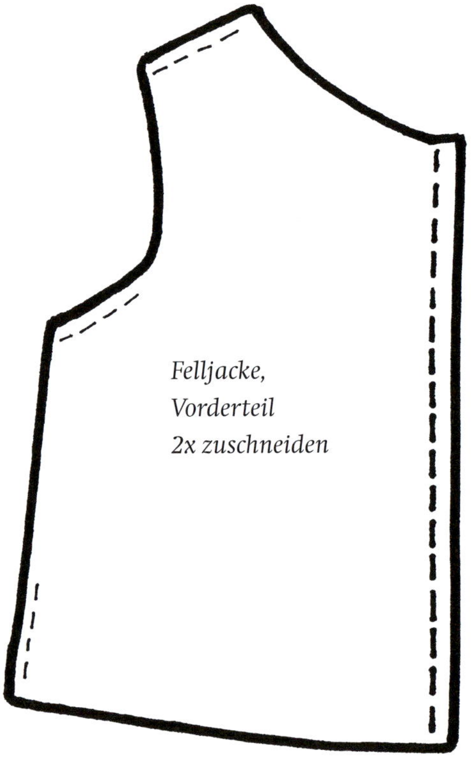

Schulternaht

Felljacke,
Vorderteil
2x zuschneiden

Felljacke,
Rückenteil

Seitennaht

Deko-Ideen für Frühjahr und Ostern

Hasenparade, Seite 36

Küken, Seite 39

Ohr

Ohrinneres

Hase, grau

Hase Auge

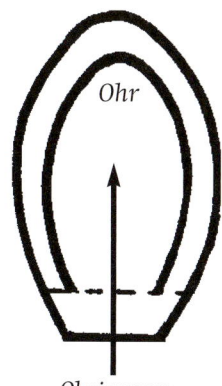

Ohr

Ohrinneres

Hase, braun und weiß

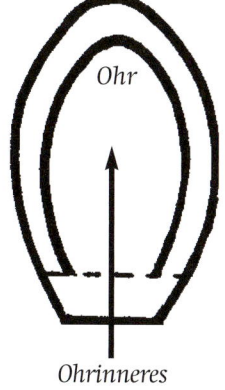

Küken,
Füße

Küken
1/4 Kappe

Hier Schirm unterkleben

Eierwärmer, Seite 38

Raupe, Mund

Raupe, Auge

Kappenschirm

Marienkäfer, Mund

Biene, Mund

Hier ankleben

Küken, Schnabel

Impressum

**Bibliografische Information
Der Deutschen Bibliothek**
Die Deutsche Bibliothek verzeichnet
diese Publikation in der Deutschen
Nationalbibliografie; detaillierte
bibliografische Daten sind im Internet
über http://dnb.ddb.de abrufbar.

Die im Buch veröffentlichten Ratschläge
wurden von Verfassern und Verlag sorgfäl-
tig erarbeitet und geprüft. Eine Garantie
kann dennoch nicht übernommen werden. Ebenso ist die Haftung der Verfasser
bzw. des Verlages und seiner Beauftragten
für Personen-, Sach- und Vermögens-
schäden ausgeschlossen.

Jede gewerbliche Nutzung der Arbeiten
und Entwürfe ist nur mit Genehmigung
von Verfassern und Verlag gestattet.

Bei der Verwendung im Unterricht und in
Kursen ist auf dieses Buch hinzuweisen.

Autoren und Verlag danken der Firma
Simba Toys GmbH & Co., Fürth, für das
Einverständnis zur Verwendung der
Modepuppe Steffi Love.

© 2004 Knaur Ratgeber Verlage
Ein Unternehmen der Droemerschen
Verlagsanstalt Th. Knaur Nachf. GmbH &
Co. KG, München

Fotografie: Klaus Lipa, Diedorf bei
Augsburg
Lektorat: Helene Weinold-Leipold,
Aystetten
Umschlagkonzeption: Zero Werbeagentur,
München
Umschlaggestaltung: Daniela Meyer

Satz: Gesetzt aus Swift 11 Punkt.
Reproduktion: Kaltnermedia, Bobingen
Druck und Bindung: Appl, Wemding

Gedruckt auf umweltfreundlich chlorfrei
gebleichtes Papier.

ISBN 3-426-66754-1
Printed in Germany

Bitte besuchen Sie uns im Internet:
www.droemer-knaur.de

Weitere Titel aus dem Bereich Kreativ
finden Sie im Internet unter:
www.knaur-kreativ.de